Johanna Tippkemper

Lichtkraftplätze

W0076724

LICHT-KRAFTPLÄTZE

Johanna Tippkemper

//////////////// SILBERSCHNUR ////////////////

ISBN: 978-3-89845-341-7

1. Auflage 2012

Gestaltung & Satz: XPresentation, Güllesheim
Umschlaggestaltung: XPresentation, Güllesheim; unter Verwendung
des Motivs #7294299, www.istockphoto.com;
Druck: Finidr, s.r.o. Cesky Tesin

Verlag »Die Silberschnur« GmbH · Steinstr. 1 · 56593 Güllesheim
www.silberschnur.de · E-Mail: info@silberschnur.de

Inhalt

Vorwort von Mutter Maria   7

Einführung: Herzensausrichtung auf
                das göttliche Licht   11

Auf dem Weg in die fünfte Dimension   21

  Manifestationsebenen der Schöpfung   21

  Lichtheilung für alle Dimensionen
  der Erde   103

Dank   129

Literaturnachweis   132

Anhang: Übungen   134

Über die Autorin   139

Vorwort von Mutter Maria

"Meine geliebten Kinder dieser Welt!

Ich grüße euch, ich liebe euch und ich sende euch meinen Segen, den Segen, der alles umfängt, der euer Herz erreicht und euer Herz weit öffnet für die Liebe, die aus dem Kosmos zu euch fließt. Wie freue ich mich, dass ihr neugierig geworden seid und dass ihr immer noch sucht – nach der Verbindung zu unseren Welten, zu unseren Ebenen und unserem Dasein.

Vertraut, vertraut eurer inneren Führung, vertraut euren Gefühlen und eurem inneren Licht. Vertraut euch selbst, denn das ist das beste Mittel, den eigenen Weg und das eigene Ziel im Leben zu finden. Und so soll euch auch hier in diesem Buch vieles aufgezeigt werden, das euch nützlich sein kann!

Diese Zeit von 2010 und darüber hinaus ist eine Zeit des strukturellen Wandels. Fürchtet euch nicht, es gibt keinen Grund dafür. Denn wer das Licht des Vaters im Herzen trägt, der folgt dem Licht und wird geführt und getragen von den Energien des ewigen ICH BIN.

Und so bin ich an eurer Seite, ich führe euch durch alle Windungen des Lebens als eure Mutter, als eure Muttergöttin der neuen Zeit.

Ich bin der weibliche Aspekt der gelebten göttlichen Liebe, die sich hier auf eurer Erde verankern wird. Fühlt meine Liebe zu euch! Fühlt, dass alles, was ich mir für euch wünsche, auch in Erfüllung gehen kann, wenn ihr daran glaubt!

So seht in eurer Umgebung, wie sich das Licht immer weiter ausdehnt, stellt euch vor, wie das Licht der Liebe sich ausweitet, von Land zu Land, über die Kontinente von Mensch zu Mensch, von Mensch zu Tier, zur Pflanze und zu ALLEM-WAS-IST.

Dies, meine geliebten Kinder, ist wahres Sein, ist wahres Licht und wahre Liebe. Lasst den Keim dieser Liebe wachsen und tragt ihn überall hin, wo ihr auch seid. Und so seht, dass alles sich entfaltet, wie auch der Samen zu Wurzeln, Stängeln, Blättern und Früchten wird, bis er zu seiner vollsten Pracht aufsteigt.

So freue ich mich, diese Wegstrecke mit euch gemeinsam gehen zu können.

Ich grüße euch, ich liebe euch und danke jedem, der diese Zeilen liest.

Gesegnet seist du, der du in meinem Herzen lebst!

Eure Mutter Maria"

Einführung:
Herzensausrichtung
auf das göttliche Licht

Mit dem Wandlungsjahr 2010 hat eine Phase der großen Veränderungen begonnen. Die Energien, die seitdem zur Erde fließen, stammen aus der göttlichen Quelle und läuten das Ende einer Entwicklungsphase unseres planetarischen Systems ein. In pulsierenden Rhythmen wird eine abgeschwächte Form des Urlichtes zur Erde gesendet und baut sich in Schichten, wie eine Reihe von Klangwellen, auf. Es ist der Urklang oder das Urlicht, das von der Quelle ausgesendet wird, damit sich unser Bewusstsein entwickeln und wachsen kann. Anders ausgedrückt: In einer Serie von pulsierenden Klangwellen sendet die Quelle den Urklang in alles, was mit ihm in

Kontakt kommt, um das Bewusstsein der Menschheit zu erweitern.

Derzeit haben diese pulsierenden, rhythmischen Wellen, wenn sie sich entladen, noch relativ geringe Intensitäten. Die Wellen bauen sich von relativ niedrigen zu immer höheren Schwingungen auf, damit wir ihre Informationen leichter integrieren können. In den nächsten Jahren wird das ausgesendete Urlicht immer höhere Frequenzen haben, was schließlich dazu führen wird, dass alle verdichteten Formen aufgelöst werden. Diese rhythmischen Wellen sind dazu gedacht, alles auf der Erde bis in den Kern wachzurütteln! Dieser Prozess wird so lange wiederholt, bis die gewünschten Ziele erreicht sind. Dabei ergießen sich diese von der göttlichen Quelle gepulsten Informationen wie eine Energieflut über die gesamte Schöpfung, und mit jeder weiteren Runde wird ein höheres Level erreicht.

Im Moment erleben wir diesen Prozess auf der gesamten Erde. Die ersten Vorläufer der großen Welle modifizieren die Materie. Darum ist es für uns besonders wichtig, dass der Körper mit seinen Zellen und Organen diese neuen Strukturen aufnehmen kann. Viele seelische und körperliche Blockaden, die unter anderem psychische, physische und organische Erkrankungen auslösen können, können nicht vollständig aufgelöst werden, da die Eigenschwingungen noch zu verdichtet sind – und die kosmischen Energiewellen können den Körper nicht durchlaufen. Zudem sind oft noch alte destruktive Muster gespeichert, die ebenfalls eine Anpassung an die Schwingungserhöhung verhindern. In meinem Buch *Der Herzstern* habe ich daher das Erspüren und Aufspüren von emotionalen Belastungen beschrieben, und die Aufgestiegenen Meister haben viele Hinweise und Übungen übermittelt, wie wir uns davon befreien können, um aufnahmebereit zu sein für die einstrahlenden kosmischen Schwingungen.

Hierzu möchte Mutter Maria uns Folgendes mitteilen:

"Meine geliebten Kinder,
die Aufstiegsenergien, die vermehrt von euch wahrgenommen werden, sind Energien des Wachstums und des Fortschritts – zum Wohle allen Lebens auf eurem Planeten. Die

Energien des Schöpfers mit allen Facetten der Liebe, der Freude und der Dankbarkeit sollen für alle Geschöpfe wieder auf der Erde verankert werden. Dies ist der Plan Gottes, der durch die Menschheit jetzt verwirklicht wird!

Deshalb ist es jetzt besonders wichtig, die Transformation aller belastenden Anteile vorzunehmen, damit die Energien des Aufstiegs in euren feinstofflichen Körpern verankert werden können. Hierzu könnt ihr euch immer wieder über euer Herzzentrum mit mir verbinden. Nutzt die Kraft des *Herzsterns* und die Zentrierungsübung [siehe Anhang], um euch auf die bevorstehenden Veränderungen vorzubereiten."

Die Aufstiegsenergie, die sich aus dem Herzen des Schöpfers in pulsierenden Rhythmen über die Erde ergießt, ist eine Mischung aus reiner universeller Liebe und aus planetarischem weiß-goldenem Licht. Es ist das Urlicht aus der Quelle des ewigen ICH BIN. Innerhalb des himmlischen Reiches haben sich alle Engel, Erzengel und auch die Aufgestiegenen Meister auf die in der Entstehung begriffene neue Erde konzentriert. Sie senden ihr Licht in die vielen Formen der Schöpfung und unterstützen beziehungsweise erwecken empfängliche Seelen, so dass diese Lichtwellen bei möglichst vielen Menschen im Herzzentrum integriert werden. Der Zweck dieser großen kosmischen Hilfe ist es, die Frequenzen des Körpers zu erhöhen, denn aus der Zunahme des Lichtes im Körper resultiert gleichzeitig eine Zunahme des Bewusstseins, was unerlässlich ist für den Aufstieg. Der Übergang in die fünfte Dimension ist eine Ausdehnung des Bewusstseins. Diesen Weg können wir allerdings nur in Liebe zu uns und zu allem, was uns umgibt, gehen, denn in diesem Zustand des Annehmens und des Loslassens schwingt unser physischer Körper automatisch schneller, die Frequenz erhöht sich ... und die neue Erde, auf der Frieden und Liebe herrschen werden, rückt wieder einen Schritt näher.

Während meiner Recherchen und Workshops zu diesem Buch offenbarte sich mir altes, atlantisches Wissen, und ich habe versucht, es Ihnen in den folgenden Kapiteln zu vermitteln. Die Beschreibung des Schöpfungsprinzips soll Ihnen helfen, die Schöpfungsmechanismen tiefer zu erfassen, um mithilfe der göttlichen Energie und den 13 *Herzstern*-Symbolen Gesundheit, Lebensfreude und die Erfüllung Ihrer Wünsche zu manifestieren. Alle 13 Symbole bilden, wenn sie richtig ausgelegt werden, die Energie von 2012, die dem göttlichen Urlicht entspricht, das Sie mit den zwölf seelischen Aspekten des göttlichen Vaters verbindet. Dank dieses hohen Energielevels können sich Ideen und Wünsche wesentlich schneller manifestieren, da Sie direkt mit dem göttlichen Gedankenfeld, ja mit dem Schöpfer selbst, kommunizieren. Das Licht des göttlichen Vaters (Geist) und die Materialisierungskräfte der göttlichen Mutter (Materie) bringen dann das göttliche Kind (Wünsche, Ideen, Gesundheit) hervor. Anschließend möchte ich aufzeigen, wie mit den eingerichteten beziehungsweise einzurichtenden Lichtkraftplätzen eine weltweite, heilende Kommunikation in Gang gesetzt wird. So kann zum Beispiel die geistige Welt diese Lichttrichter nutzen, um dort den Segen für alles Leben hineinzugeben.

Möge das Licht des Schöpfers wie ein riesiger Scheinwerfer auch in Ihr Leben strahlen, damit Gesundheit, harmonische Beziehungen, Lebensfreude, Fülle und all das, was Sie ganz persönlich in Ihrer Realität manifestieren möchten, in Ihr Leben fließen kann.

Durchsage von Meister EL MORYA

"Geliebte Freunde,

wir aus den Ebenen des Lichtes grüßen euch. Wir sind mit euch, und wir sind erfreut über die Ausrichtung auf unser Licht und die Ausrichtung auf euren Geist, auf euer geistiges Leben – auf das wahre Leben.

Nun, wie ihr im Buch *Der Herzstern* erfahren konntet, ändert sich die Struktur, es ändert sich vieles auf eurer Erde, aber bedenket: zum Wohle der Menschheit, zum Wohle einer Entwicklung, die ein geistiges Leben ermöglicht und das Leben auf eurer Erde verändern wird. Ihr seid nun in diesem Prozess der stetigen Erneuerung, der

Veränderung – zum Wohle der gesamten Menschheit. Natürlich ist es auch so, dass viele unter euch noch nicht mitbekommen haben, dass sich etwas wandelt und wie es sich wandeln wird. In vielen Bereichen eures menschlichen Lebens wüten noch Angst und Schrecken. Und so möchten wir euch sagen: Fürchtet euch nicht, alles verläuft nach Plan. Mit jedem Jahr, in dem eure spirituelle Wirklichkeit näher rückt, wird ein anderes Leben auf eurem Planeten für euch sichtbar werden. Die Energien dieser Zeit verändern sich rasant, und deshalb, geliebte Freunde, ist es sehr wichtig für euch, dass ihr den Anschluss nicht verpasst, dass ihr mitschwingen könnt mit den hohen Energien, die sich in den kommenden Jahren stetig weiter erhöhen werden.

Belastungen in euren energetischen Körpern sind nicht förderlich für die Anbindung an das Licht, und es werden sich diejenigen Stellen in eurem Körper, die noch nicht geklärt sind, immer stärker zeigen als gesundheitliche Beschwerden oder als Belastungen eurer Gefühlswelt. So möchten wir euch dieses Buch ans Herz legen. In den einzelnen Kapiteln werden wir weitere Übungen aufzeigen, euch vieles erklären, euch anleiten, den spirituellen Weg weiterzugehen.

Gebt nicht auf, es lohnt sich! Wenn ihr an eurer geistigen Vervollkommnung arbeitet, werden alle Generationen nach euch davon profitieren. Denkt daran, ihr seid die Wegbereiter für das neue Zeitalter!

Vieles wird sich wandeln, muss sich auch wandeln, damit die alten, verkrusteten Strukturen, deren Auswirkungen ihr zu sehen bekommt – und zwar sehr deutlich –, langsam und sicher durch die Energien der Liebe verfeinert und durchlässiger gemacht werden. Wut, Hass und Angst werden mit der Zeit weniger werden, und eines Tages wird auch in diesen Regionen Friede einziehen. Darauf vertraut! Ihr wisst, wie wichtig gelebte oder belebte Gedanken sind. Wenn ihr natürlich Angst, Sorge und Kummer in den Äther sendet, so werden sich diese auch in eurem Leben manifestieren. Deshalb jetzt dieses Buch, das mit vielen konkreten Gedanken beleuchtet wird. Zusammen mit dem Ursprungswerk habt ihr nun ein weiteres Buch, in dem ihr viele konstruktive Werkzeuge findet, die euch in den kommenden Jahren das Leben auf eurer Erde erleichtern werden.

So seht also: Alles ist im Fluss, alles verläuft nach Plan und wir sind dankbar für jede Seele, die uns hilft beim Meisterwerk des Lichtes, so dass Licht und Liebe wieder zu Hause sind auf dem Planeten Erde.

So grüße ich euch als Meister des blauen Strahls, ich grüße euch als Meister des Willens und der Kraft. Ich weise euch den Weg zu eurem göttlichen Plan.

Gott zum Gruße!"

Auf dem Weg in die fünfte Dimension

Manifestationsebenen der Schöpfung

Alles ist Licht

Das Licht aus dem Herzen Gottes wird von unseren Gotteltern HELIOS und VESTA durch alle Ebenen des Universums gelenkt, die alle eine unterschiedliche Frequenz haben. Die niedrigste Ebene finden wir auf unserer Erde und im Wasser wieder. Darüber liegen das Luft- und das Ätherreich. Zu den drei höheren Ebenen gehört die Kausalebene, auf der sich unsere Seele aufhält, dann folgt die heilige Christusebene und danach die Ebene der reinen ICH-BIN-Gegenwart. Durch unser Herz, das sich zur universellen

Liebe entwickelt hat, werden wir mit den drei höheren Ebenen verbunden.

Das Licht aus dem Herzen Gottes fließt herab und speist jeden Ort. Es wird von Sphäre zu Sphäre von den Aufgestiegenen Meistern, die die Strahlenkräfte lenken, herabgeleitet, bis es die untersten Ebenen erreicht. Bei diesem stufenweisen Herabfließen des Lichtes verdichtet es sich mehr und mehr, und wir finden es in mehr oder weniger manifester Form in den Elementen Erde, Wasser, Luft, Feuer sowie Äther wieder. Letzterer durchdringt alle vier anderen Elemente, der Äther ist das göttliche Licht und enthält die Informationen aus dem göttlichen Gedankenfeld.

In früheren Zeiten besaßen wir Menschen das Wissen und die Macht über diese Ebenen – ja, wir konnten uns mit ihnen identifizieren und gemeinsam mit dem göttlichen Licht wunderschöne Dinge kreieren. Leider verloren wir mit der Zeit den Kontakt zum "Göttlichen" und damit auch die Fähigkeit, mit dem göttlichen Licht konstruktive Absichten in die vier niederen Ebenen der Elemente zu ziehen. Jetzt, während unseres Aufstiegs in die fünfte Dimension, haben wir die Aufgabe, eine

Welt zu erschaffen, die den Vorstellungen Gottes so ähnlich wie möglich ist. Dabei fließen diese hohen Energien nur über die eigene ICH-BIN-Gegenwart, mit der wir in Verbindung kommen sollten, um die Energien im eigenen Körper verankern zu können.

Die Gaben des höchsten Lichtes werden der Menschheit **jetzt** zur Verfügung gestellt, damit wir diese hohen Lichtschwingungen wieder in die sieben Sphären ausstrahlen können. Das bedeutet nichts anderes, als dass die Menschheit das ätherische Muster des göttlichen Planes für die Erde neu erschaffen muss. Anders ausgedrückt: Alle Verletzungen, die wir unserer Erde und allen Wesen auf und in ihr sowie der Natur zugefügt haben, müssen gereinigt, geliebt und geheilt werden. Eine enorme Aufgabe, die da vor uns liegt!

Die Erde, auf der wir leben

Dadurch, dass wir das Bewusstsein von der Einheit verloren, zerstörten wir die Ursubstanz unserer Erde – ihre Energien verdichteten sich immer mehr zu dem, was sie heute ist. Dieser Energieverlust ließ Krankheit, Hass und Kriege sowie jede Form von Mangel entstehen. Es bildete sich eine Welt der Gegensätze.

So, wie wir Menschen uns zurzeit von alten Verletzungen und karmischen Ketten befreien, so steht Mutter Erde in dem gleichen, oft schwierigen Transformationsprozess. Damit sind Veränderungen der Rotation ihres Erdkerns verbunden, die zu Veränderungen in allen Systemen führen. Davon betroffen sind nicht nur Politik und Wirtschaft, auch alte Dogmen beginnen einzustürzen, und die Erde selbst wird sich auch auf ihrer Oberfläche verändern. Es wird nun notwendig, die Aktivitäten der Erde zu unterstützen. Das Zünglein an der Waage sind wir – und ein liebevolles Miteinander erleichtert diesen Prozess!

Da wir Menschen ja ein Teil dieser Erde und aus allen ihren Elementen zusammengesetzt sind, wird es immer wichtiger, dass wir uns wieder in inniger Liebe mit ihr verbinden. Dazu muss man wissen, dass alles Leben durch unterschiedlichste Gitternetze und Linien mit der Erde verwoben ist.

Dies sind die Lebensadern für die Natur, für uns Menschen, für die Tiere, Pflanzen und alle anderen Formen von Leben auf der Erde. Darüber hinaus gibt es unterschiedlichste feinstofflichere, kristalline Gitternetzstrukturen, in denen das Bewusstsein einer jeden Spezies eingespeichert ist. Diese verschiedenen Komponenten von Gittern kommunizieren mit den höheren Dimensionen, und jedes dieser Netze hat seine eigene Geometrie, ist einzigartig. Keines gleicht dem anderen.

Der englische Biologe Rupert Sheldrake entdeckte die Strukturen dieser Gitternetze oder Felder, die er *morphogenetische Felder* nannte. Er hat das wissenschaftliche Denken revolutioniert und die Idee eines sich entwickelnden, lebendigen Universums mit eigenem Gedächtnis ins Bewusstsein vieler Menschen gebracht.

Alle gespeicherten Informationen können wir also von dort abrufen - und *Der Herzstern* ist schon seit einiger Zeit im morphogenetischen Feld verankert!

Der Aufgestiegene Meister Meister Eckhart hat mir dazu Folgendes mitgeteilt:

"Der *Herzstern* ist jetzt schon als starkes Symbol im morphogenetischen Feld verankert, und von dort wirkt er in ganz verschiedene Richtungen. Wenn ihr euch die Erde als Kugel vorstellt und das morphogenetische Feld darüber, dann wirkt der *Herzstern* wie ein Strahlenkranz, der sich um die ganze Erde legt.

Und alle Menschen, die von diesem Symbol berührt werden, werden ihn verstärken. Je mehr Menschen das tun, umso stärker wird er in der Matrix zu Hause und von dort abrufbar sein! So kann im Grunde jeder, der mit feinstofflichen Energien arbeitet, diese Strahlung, auch wenn er den Stern nicht persönlich hat, aus dem morphogenetischen Feld in die Menschen einfließen lassen – in die Kinder, in die alten Menschen, in die Tiere und so weiter."

Diesen Ausführungen zufolge haben wir ein Informationssystem, das wir willentlich dazu benutzen können, alle Aspekte des göttlichen Vaters seinem Wunsch entsprechend in die gestörten Systeme einfließen zu lassen. Alles kann so umprogrammiert und wieder der göttlichen Ordnung zugeführt werden.

Ich möchte diese wichtigen Strukturen daher noch etwas eingehender beschreiben, auch damit Sie verstehen können, wie der natürliche Kommunikationstransfer funktioniert. Das Christusgitternetz zum Beispiel hält das Christusbewusstsein auf diesem Planeten verankert. Die Frequenzen dieses Gitters kommunizieren mit der DNS unseres Körpers, und dabei wird die Schwingung der Erde auf unser Gehirn übertragen, oder anders ausgedrückt: Das Gehirn passt sich dem Schwingungsmuster der Erde an. Seit Mitte des vorigen Jahrhunderts erhöhen sich diese Energien ständig, und das Gehirn ist immer mehr gezwungen, sich auf das Spektrum dieser Wellenlängen einzustimmen, was nicht immer einfach für uns ist. Wie ich schon erwähnte, haben wir dadurch aber auch den Vorteil, dass auf der Zellebene jetzt riesige Fortschritte gemacht werden können. Dennoch ist dieser Prozess beschwerlich und stellt enorme Anforderungen an unser Bio-System.

Und wie kommuniziert mein Körper mit der Natur? Über den Emotionalkörper und den Solarplexus sind wir mit den unendlichen Weiten des Kosmos und der Natur verbunden. Alle Organe

27

des Menschen, auch seine feinstofflichen, werden durch die Lebensadern der Landschaften mit Lebenskräften aufgebaut und versorgt. Sie sind vielfältig und gleichen den Nerven- und Blutbahnen, Drüsen und Meridianen des menschlichen Körpers.

So wie wir vom Licht der Jahreszeiten über die Haut genährt werden, so findet auch über die Nebenchakren an unseren Fußsohlen ein ständiger Austausch mit den Versorgungsadern in unserer Erde statt. Wir Menschen sind elektrische Wesen, und durch die Verbindung zweier Pole – die Verbindung mit dem Licht des Vaters (+) und den Materialisierungskräften von Mutter Erde (-) – bekommt der Körper Energie und beginnt zu schwingen. Beide Kräfte werden benötigt, damit wir uns hier auf der Erde verankern und leben können. Als Faustregel gilt: Je gesünder ein Mensch ist, desto schneller arbeitet sein kristalliner innerer Kern, der den Körper mit der göttlichen Lebensessenz versorgt. Denn je geklärter die feinstofflichen Strukturen des Körpers sind, desto gesünder wird er – sein energetisches Potenzial steigt stetig an.

Für schädigende, krankmachende Auswirkungen, die uns Lebensenergie rauben, sind dagegen eine Reihe von Faktoren verantwortlich, wie Belastungen durch unsere Ernährung, durch Umweltgifte aus der Luft und/oder durch verseuchte beziehungsweise zerstörte Organe unserer Landschaften. Da wir unsere Batterien des Nachts immer wieder neu aufladen müssen, sollten wir an einer gründlichen Wartung der eigenen Energiesysteme sehr interessiert sein.

Durchsage von Meister Jesus, 9. Farbstrahl in Magenta

"Liebe Freunde, liebe Brüder und Schwestern, wisset, diese Zeit um 2012 ist eine Zeit der besonderen Ereignisse. Niemals zuvor hat es in der Menschheitsgeschichte ein ähnliches Ereignis gegeben, und deshalb spürt und wisset auch, wie viel Hilfe ihr aus unseren Reichen bekommt. Wir sind bemüht, euch ein anderes Verständnis von eurem Dasein auf der Erde zu geben, damit ihr in der neuen Energie dieser Zeit besser damit umgehen könnt. Versteht bitte richtig, euer Körper wird zum Teil umgebaut, es werden neue Chakren eingerichtet und eure Wahrnehmung wird sich verändern, da es ja auch eine andere Schwingungsfrequenz auf eurer Erde geben wird. Und hier an dieser Stelle möchte ich dort fortfahren, wo meine Freundin aufgehört hat.

Wie ihr wisst, lebt ihr wahrhaftig mit allen Körperfunktionen, mit allen Gedankenstrukturen! Und auch des Nachts, wenn euer Geist sich mit unseren Ebenen verbindet, steht alles miteinander in wechselseitiger Beziehung, im Austausch mit der unendlichen göttlichen Energie, die euch und euer Dasein umhüllt und durchflutet. Doch was bislang zu wenig Berücksichtigung fand, wird jetzt mit aller Kraft und Macht immer deutlicher für euch. So möchte ich euch auch etwas über das Wesen eurer Erde sagen, auf der ihr lebt.

Wie stellt sich euer Leben dar? Habt ihr schon einmal darüber nachgedacht? Habt ihr euch darüber Gedanken gemacht, wie euer Körper funktioniert? Habt ihr schon einmal darüber nachgedacht, dass es einer gewissen Kraft, einer Anschubkraft bedarf, damit eure Arme, Beine oder Glieder das tun, was ihr möchtet? Das heißt, es bestimmt der Gedanke (Geist) die Form, also das, was ihr auf der materiellen Ebene erreichen möchtet. Doch der zweite Pol, aus dem dies manifestiert wird, ist der Globus, auf dem ihr lebt.

Ihr werdet auf der einen Seite aus dem Kosmos über eure physische Sonne und die Planetenkräfte mit lebenswichtigen Substanzen versorgt. Andererseits bekommt ihr lebenswichtige Substanzen durch eure Nahrungsmittel von der Erde, das heißt, der Planet Erde, das aktive Wesen, versorgt euch ganz bewusst mit allen möglichen Substanzen.

Ein besseres Bild von eurem Planeten könnt ihr euch machen, wenn ihr ihn mit eurem Körper vergleicht. So gesehen seid ihr in der Tat Kinder eurer Mutter Erde, deren Energiequalitäten JETZT im Wassermannzeitalter immer mehr und mehr für euch nutzbar gemacht werden sollten.

Im Zentrum dieses Wesens ist ein riesiges Sammelbecken flüssiger Magma. Und so könnt ihr euch über eure Herzenskraft mit dem Magma im Inneren eurer Erde verbinden und das Magma als ihr feinstoffliches Herz ansehen, das pulsiert und schlägt und alles Lebendige auf eurer Erde am Leben erhält durch die große Kraft der Liebe, die

31

in diesem Planeten lebt. Diese Kraft im Inneren der Erde pumpt ihre Energien in die Landschaft und lässt sie durch all ihre Organe fließen, damit ihr mit euren Fußchakras diese Energien aufnehmen könnt. Begreift auch, dass nur ein Teil dieser Energien in euren Körper einströmen kann, wenn er blockiert ist. Manche Bereiche sind dann nicht ausreichend mit Energie versorgt, so dass eure Organe krank werden können.

Das Gleiche passiert auch mit eurer Erde. Wenn ihr sie nicht sorgsam hegt und pflegt und ihr liebevoll gegenübersteht, so verunreinigt auch ihr ihre unterschiedlichsten Organe. Auch die Vergiftung der Meere, die Verpestung der Luft, die Düngemittel, die ihr in den Boden gebt – all das ruft die jetzigen Probleme hervor. Und so wisset, dass ein Umdenken erforderlich wird. Je schneller ihr begreift, wie sich das gesamte Leben im Universum zusammensetzt und wie alles mit allem in Beziehung steht, desto leichter wird der Prozess des Aufstiegsgeschehens sein.

Meine lieben Freunde, betrachtet die Erde als eure Mutter, als eure Muttergöttin auf dem Weg in das neue Jahrtausend. Dass dies nicht gänzlich ohne Schmerzen geschieht, das konntet ihr schon durch die vielen Schreckensnachrichten erfahren, die durch eure Medien gehen. Doch rate ich euch, ich bitte euch, bleibt mit eurem Herzen zentriert bei euch, bei eurer Erde und lasst euch nicht verunsichern – gebt der Erde eure Liebe.

Soweit meine Ausführungen!"

Die Macht unserer Gefühle und Gedanken

Wir sind über unsere Aura mit allen Ebenen, von denen es in der astralen Welt insgesamt sieben gibt, verbunden. Diese Ebenen durchdringen sich und sind durch unterschiedliche Energieformen voneinander unterschieden. Unser Emotionalkörper gehört zur Ebene der Astralwelt und bewirkt eine Reaktion der Wesen dieser Ebene auf unsere Gedanken und Gefühle. Je mehr sich ein Mensch von seinen niederen Emotionen befreit und sein Bewusstsein auf das Edle, Erhabene und auf das Licht ausrichtet, desto höher werden die

Schwingungen seines Astralkörpers, der dadurch mit einer höheren Ebene in Resonanz kommt. Menschen, die sich von Begierden, Leidenschaften und von unbeherrschten Gefühlen leiten lassen, agieren dagegen auf den entsprechend niederen Ebenen.

Menschliche Gefühle und Gedankenformen, die mit großer Kraft immer wieder aufgeladen werden, erzeugen große Gedankengebilde und damit künstliche Wesensformen. Alle Gedanken und Empfindungen, die über einen längeren Zeitraum aufrechterhalten werden, wirken im Übrigen auf die astrale Substanz, entweder aufbauend oder zerstörend, und unsere Gefühlsschöpfungen ziehen demnach alles direkt in unser Leben, sei es aufbauender oder zerstörerischer Natur!

Der Kreislauf allen Lebens ist seit langem gestört, und das Ungleichgewicht zwischen den Elementen bewirkt Überschwemmungen, Stürme oder Trockenheit und ist für die weltweiten Katastrophen, die ausgelöst wurden, verantwortlich.

Deshalb muss die Menschheit "jetzt" erwachen!

Den Zeitpunkt können wir beeinflussen, wenn wir uns mit den Naturwesen verbinden und uns für die Reinigung der Erde in allen Bereichen einsetzen. Wenn wir zusätzlich an der Verfeinerung unseres eigenen Bewusstseins arbeiten, unsere Gedanken und Gefühle im Zaum halten, erwächst auch wieder eine innige Beziehung zu den übrigen Lebewesen und die Bereitschaft zu einer beständig wachsenden Zusammenarbeit steigt. Überall ist vielfältiges Leben, das der göttlichen Schöpfung dienen möchte – und Liebe ist die Urkraft, die alles zum Guten wenden kann.

Die Elemente
und deren Elementarwesen

Naturwesen, die den Elementen dienen, sind wichtige Bindeglieder zwischen den Ebenen, und sie werden in den kommenden Zeiten als Träger der Elementarkräfte wieder eine wichtige Rolle spielen! Die Elementarwesen bewirken sämtliche Materialisationen auf der physischen Ebene, das heißt, alles, was wir in der Natur um uns herum sehen, wird von diesen Naturwesen erschaffen, erhalten oder auch wieder zerstört. Alle gegenständlichen

Formen unserer physischen Welt existieren auch im Feinstofflichen, doch alles erscheint dort ganz fein, transparent und durchlässig.

Im Folgenden möchte ich Sie mit den einzelnen Elementen auf unserer Erde vertraut machen.

Das Erdelement

Es ist das verbindende, zusammenziehende Element, das die Materialisation unserer Wünsche bewirkt, da es ein großes Kraftpotenzial besitzt. Mit diesem Element erschaffen wir mittels unserer Gedankenkraft alles, wirklich alles! Auch sind wir durch diese Energiesubstanz tief und fest mit dem Wesenskern unserer Erde verbunden.

Im vorangegangenen Kapitel habe ich bereits dargelegt, wie die eigenen Gedanken und Gefühle zum Gesamtzustand unserer Erde beitragen, das heißt, unser Mikrokosmos spiegelt sich im Makrokosmos wider. So gesehen ist es also wichtig, dass wir uns beobachten und unsere Elemente in uns ins Gleichgewicht bringen. Besonders wenn wir unsere Lebensumstände mit den Kräften des Erdelementes neu gestalten möchten, sind unsere

Gedanken und Gefühle immer wieder zu harmonisieren und ins Gleichgewicht zu bringen.

Bei Erdbeben und Vulkanausbrüchen können wir das Erdelement um Vergebung anrufen für alles Unheil, das wir der Erde und den Elementarwesen zugefügt haben.

Leiter des Erdelementes: PELLEUR und VIRGO, Elementarwesen: GNOME.

Das Wasserelement

Das Wasser auf unserem Planeten leitet die magnetischen und elektrischen Ströme und versorgt die Natur. Es wird durch sogenannte Wassergeister belebt, die es immer wieder von Verschmutzungen aller Art reinigen, denn viele Gewässer der Erde sind heutzutage stark verschmutzt, teils durch materielle Verunreinigungen, aber auch durch emotionale Gedankenstrukturen, die wir Menschen unachtsam aussenden.

Unser Körper, der zu 80 Prozent aus Wasser besteht, ist auch ein Teil des Wassers der Erde, und über unsere Gefühle sind wir mit dem Wasserelement verbunden; es kommuniziert mit der Seele und mit

unserem Blut. Das Wasser schenkt dem Emotionalkörper die Fähigkeit des Fühlens, des Mitfühlens
und des tiefen Empfindens. Wasser nimmt jedoch
leider auch alle negativen Emotionen wie Wut,
Hass und anderes auf, speichert diese im Körper
und gibt sie darüber hinaus über die Fußchakras
in die Erde und in alle Gewässer der Erde ab.
Wasser ist zudem eng verbunden mit dem Mond,
der durch die verschiedenen Gezeiten den Rhythmus auf unserer Erde steuert.

In Verbindung mit dem Wasserelement ist es
wichtig, auf die Gefühle zu achten, Negatives an-
zuschauen und es ins Positive umzuwandeln.

**Leiter des Wasserelementes: NEPTUN und
LUNARA, Elementarwesen: UNDINEN.**

Das Feuerelement

Alle Naturwesen, die dem Feuerelement dienen,
sind ununterbrochen damit beschäftigt, zerstörerische Gedanken und Gefühle und emotional auf-
geladene Worte aufzulösen. Ebenso wie das Wasserelement hat auch das Feuerelement somit eine
reinigende Wirkung auf unsere Atmosphäre.

Viele der Feuer-Elementarwesen kommen aus dem elektronischen Gürtel, der die Sonne umgibt. Gäbe es diese Elementarwesen nicht, würden die Kräfte der anderen Elemente aus dem Gleichgewicht geraten, und Chaos würde über die Menschen hereinbrechen! Dies geschieht allerdings auch dann, wenn wir nicht im Einklang mit uns selbst sind oder wenn wir aus dem zentralen Steuerungssystem "Herzzentrum" keine Liebe ausstrahlen, sondern negative Gefühle und Gedanken bis hin zu Wut und Hass unsere Handlungen steuern. Wenn wir jedoch an unserer Selbstdisziplin und Selbstbeherrschung arbeiten, kann die Feuerenergie immer höher in uns schwingen und immer stärker durch uns fließen. Und je gesünder und vitaler wir sind, desto größer wird unser göttliches Potenzial.

Das Feuer verkörpert die Antriebskraft im Menschen und sollte deshalb nur zu aufbauenden Zwecken und nicht für eigennützige, selbstsüchtige Ziele benutzt werden. Alle Gedanken, Gefühle und Emotionen, die mit Liebe durchzogen sind, helfen den Elementarwesen des Feuerelementes bei ihrer hehren Arbeit, die ursprünglich heiligen, schöpferischen Energien zu reinigen.

Bei Waldbränden und ähnlichen Katastrophen können wir HELIOS und VESTA und das Gesetz der Vergebung anrufen, damit die Auswirkungen verhindert oder abgemildert werden.

Leiter des Feuerelementes: HELIOS und VESTA, Elementarwesen: SALAMANDER.

Das Luftelement

Luft ist die heilige Verbindung zwischen der materiellen und der geistigen Welt. Sie ist ein Informationsträger und verbindet alles Leben miteinander. Früher barg sie die Spannkraft, die für ewige Jugend und Schönheit sorgte, sie enthielt feinstoffliche Nahrung, die ausreichte, alles Leben bis in das kleinste Atom zu erhalten und zu nähren. In früheren Zeiten wussten die Menschen noch, wie sie sich mit den Wesen der Luft verständigen mussten und den Austausch mit ihnen pflegen konnten. Heute schenkt der Mensch dem Atem kaum noch Aufmerksamkeit, er atmet hastig und oberflächlich. Das wahre Wissen um die Kraft des Luftelementes ist bei den meisten Menschen leider verschüttet.

Alles, was auf unserer Erde existiert, ist mit dieser Energie verbunden! Gedankenströme der Menschen bilden eine große kollektive Kraft; diese wirkt sich auf unser Umfeld aus und beeinflusst beispielsweise das Wetter. Wenn Gedanken und Gefühle nicht im Einklang mit dem Luftelement sind, zeigt sich das auf der materiellen Ebene daher zum Beispiel in zerstörerischen Stürmen. Deshalb ist es sehr wichtig, die eigenen Gedanken zu kontrollieren und sich ihrer gewahr zu werden, um alles, was nicht aufbauend und bejahend ist, umzuwandeln in eine positive Energieform.

Bei schweren Wirbelstürmen, Tornados und ähnlichen Unwettern können wir das Gesetz der Vergebung anrufen für alles Unheil, was jemals den Elementarwesen der Luft zugefügt wurde.

Leiter des Luftelementes: THORS und ARIES, Elementarwesen: SYLPHEN.

Ich möchte an dieser Stelle ein Erlebnis mit dem Luftelement schildern. Wieder einmal ging ich an einem wunderschönen Tag im Wald spazieren. Am Himmel war nicht eine einzige Wolke

zu sehen – es war ein warmer und sonniger Spät-
sommertag. Ich machte meine Übung, öffnete
mein Herzchakra für die Natur und ließ mit
meinem Bewusstsein Liebe in das sechste Chakra
(Drittes Auge) fließen. So ging ich eine ganze Weile
mit wachem Blick durch die Natur, doch meine
Erwartungshaltung verhinderte ein Erlebnis. Nach
geraumer Zeit ging ich zum Auto zurück, und tief
in meine Gedanken versunken beschäftigte ich
mich mit dem neuen Buch, das ich schreiben
wollte. Dabei hatte ich meinen Wunsch nach einer
neuen Erfahrung völlig vergessen.

Plötzlich und unerwartet hörte ich ein starkes
Sausen in der Luft und ein eigenartiges Rasseln.
Erschrocken sah ich auf und erblickte vor meinen
Augen einen kleinen Tornado, der tanzend vor
mir herfegte. Die großen Fliehkräfte ließen die
Schottersteine umherwirbeln. Die Spirale hatte
ungefähr die Höhe der Bäume und eine unglaub-
liche Drehgeschwindigkeit. Ich malte mir aus, was
wohl geschehen würde, wenn mich der Wirbelsturm
erfassen würde. Ich sah, wie die Schottersteine
durch die Luft geschleudert wurden.

Plötzlich durchzuckte ein Gedanke meinen Kopf: "Sylphen der Luft." Und genau in diesem Moment fiel der "Zyklon" in sich zusammen. Er war so plötzlich von der Bildfläche verschwunden, wie er gekommen war. Jetzt begriff ich! Die Sylphen der Luft hatten sich mir gezeigt und mir meinen Wunsch doch noch erfüllt. Welch ein Wunder! Auf diese wunderbare Weise bekam ich zum guten Schluss doch noch mein Naturerlebnis geschenkt! Kaum hatte ich diesen Gedanken zu Ende gedacht, sah ich, wie der "Zyklon" noch einmal aufstieg, und zwar direkt dort, wo er zuvor verschwunden war. Noch einmal dehnte er sich bis zu den Baumkronen aus, tanzte noch ein paar Mal hin und her und löste sich dann völlig auf. Ein überwältigendes Erlebnis!

Der Äther

Das göttliche Licht, das alles durchdringt, wird durch alle sieben Ebenen des Universums gelenkt. Neben den verdichteten Energieformen der vier Elemente gibt es die feineren, ätherischen Formen, in denen die Entsprechungen der Urmatrix angelegt

43

sind. In den drei höheren Sphären finden wir alle himmlischen Helfer, die Aufgestiegenen Meister, Meisterinnen, Devas, Elfen und so weiter, und in den niederen Regionen halten sich unterschiedlichste Naturwesen auf. Im Äther herrschen andere Gesetzmäßigkeiten: Zeit und Raum sind hier aufgehoben. Licht, Klang, Farbe und Form haben ihren Ursprung dort – und auch alles, was wir auf unserer materiellen Ebene manifestieren möchten, kommt von dort.

Hüter des Ätherreiches: Akashas und Devas.

Meditationen:
Die Elementarwesen sprechen zu uns

Damit Sie mit den Energien der vier Prinzipien vertraut werden können, habe ich Durchsagen von den Elementarwesen empfangen. So können die unterschiedlichen Energien dieser Wesen leichter wahrgenommen werden.

Konzentrieren Sie sich auf Ihr Nabelchakra, und stellen Sie sich dabei vor, wie ein silberner

Lichtstrahl die Verbindung mit den Energieformen aufnimmt. Atmen Sie tief ein und aus. Atmen Sie so mehrere Male, und lassen Sie dabei alle Gedanken vorbeiziehen. Nun genießen Sie einfach die Meditation! Spüren Sie dabei in Ihr Herz! Lesen Sie zunächst nur die Botschaft, zu der Sie sich besonders hingezogen fühlen. Verbinden Sie sich über Ihren Wesenskern mit dem/den Elementen in Ihrem Körper. Wie fühlen Sie sich mit dieser Durchsage? Fühlen Sie nach, indem Sie sich ganz weit öffnen!

Der Hüter des Platzes – Erdelement
(Auszug aus der Botschaft)

"Hallo meine Freunde,

ich grüße euch allesamt, die ihr euch mit mir verbunden fühlt, und ich bin wie immer sehr daran interessiert, das Wissen um das Gut der Erde weiterzugeben.

Gemeinsam bilden wir ein Netz der unterschiedlichsten Strukturen mit allen Informationen, die wir aufnehmen und, entsprechend unseren Aufgaben in diesem Verband, weitergeben. So können wir durch diese kristallinen Gitternetze auch alle anderen Informationen bekommen.

Ich kann hier an dieser Stelle auch für die gesamte Erdelementarwelt sprechen und alle möglichen Bezüge herstellen. So gesehen könnt ihr uns Steine als Botschafter begreifen, als 'Informanten' aus allen Zeiten und Epochen des Erdgeschehens.

Wir sind auch sehr dankbar dafür, wenn wir in der kommenden Zeit wieder unsere eigentlichen Aufgaben übernehmen dürfen. Durch eure Lichtarbeit gelangt das neue Bewusstsein in die Kristallgitternetze, und wir haben die Möglichkeit, das Weltenbewusstsein, das in unsere Gitternetze eingespeist wird, mit euren Werten wie Spiritualität, Liebe, Mitgefühl, Toleranz und so weiter in alle Systeme von Gaia zu übertragen und mit unseren hohen Liebesschwingungen aufzubereiten.

Nun spüre ich eure Frage regelrecht, und meine Freundin hat dies soeben auch gedacht. Ihr fragt sicher: 'Warum macht ihr das nicht selbst, wenn ihr doch zu allem Zugang habt?' Ja, da habt ihr wohl recht, wir könnten viel, viel mehr, doch wie ihr schon erfahren habt, ist alles Leben auf der

Erde den Menschen unterstellt. Der Mensch möchte seine Erfahrungen auf dieser Daseinsebene machen, um zu wachsen. Unser großer Schöpfer von ALLEM-WAS-IST, die Quelle allen Seins, hat den Prozess für die Entwicklung der Menschheit mit seinem Schöpfungswillen gestaltet, damit sein Wille und seine Schöpfungen sich immer weiter ausdehnen. Nur durch euch erfährt er sich selbst, da ihr ein Teil von IHM und seinen Schöpfungsattributen seid. Wir, das heißt alle Wesen der Elemente, haben euch zu dienen. Wir sind es, die auf alles, was ihr denkt und tut, reagieren.

Sobald ihr wieder lernt, mit uns zu kommunizieren, können wir euch Freund und Helfer sein. Die Zeit naht, bald werdet ihr staunend eine andere Dimension schauen. Diese Zeit kommt schon bald!

Ich danke dir, der du dies liest, in der Hoffnung, dass du mir auch glaubst!

Gott zum Gruße –

der Hüter des Platzes, auf dem meine Freundin lebt."

Die Wesen des Wasserelementes

"Geliebter Mensch,

wir begrüßen dich und alle, die diese Zeilen lesen, mit Respekt und einer tiefen Dankbarkeit. Wann immer ein Mensch sich den Energien unseres Elementes öffnet, haben wir Zugang zu den tiefsten Tiefen seines Wesens. Und so haben wir die Möglichkeit, ihn zu berühren, ihn anzurühren und zu ermuntern, in sich zu gehen. Darum hat das Wasser so eine magische Anziehungskraft auf euch Menschen! Gerne würden wir unsere Arbeit gemeinsam mit euch verrichten - euren Seelenkern mit einbeziehen in diese wunderbaren Möglichkeiten, die der Mensch als kosmisches Wesen, als Schöpfer seiner eigenen Welt haben könnte.

Wir sagen es hier ausdrücklich!

Das Potenzial der Menschen ist enorm. Doch leider ist vieles von diesem Wissen im unterbewussten Bereich verschüttet. Aber immer dann, wenn ihr euch mit unserem Wesensmerkmal verbindet, kommt eine Ahnung, ein Gefühl in euch hoch - ihr nennt dieses Gefühl 'Sehnsucht'.

Wonach, glaubt ihr, sehnt ihr euch?

Wir wissen genau, was euch fehlt, was ihr sucht und was ihr wirklich möchtet. Wir wissen - oder besser noch wir fühlen - dies, und es schmerzt uns, da wir auch ein Teil von euch sind. Wir könnten so vieles gemeinsam erreichen, doch leider vertraut ihr euren Gefühlen nicht. Ihr seid getrennt von euren wahren Werten, da der Verstand euch allzu oft dazwischenfunkt! Doch wenn euch dies bewusst wird und ihr aus eurer Narkose erwacht, dann kommt mit euren Gefühlen zu uns. Besprecht eure Gefühle mit uns, und wundert euch nicht, was dann geschieht!

So könnten wir gemeinsam mit dem Luftelement (= die Kraft der Gedanken), dem Feuerelement (= die Kraft der treibenden Liebe), mit unserem Wasserelement (= die Kraft der fühlenden Verbindung zu ALLEM-WAS-IST) und nicht zuletzt mit dem Erdelement (= die Kraft der Materialisation) alle eure Wünsche in die Materie ziehen. Glaubt an Wunder, sie sind real!

Über diese gemeinsame Arbeit könnten wir die Welt sehr schnell heilen! Spüre in dich hinein, fühle nach, könnte es nicht wirklich so sein?

Wir sagen ja! Und wir freuen uns auf diese Gelegenheit.

Sei herzlichst gegrüßt!"

Die Wesen des Feuerelementes

"Geliebte Erdenbürger,

wir grüßen euch und warteten förmlich darauf, dass wir hier auch einmal zu euch sprechen dürfen. Wir sprechen hier als Gruppe zu euch und sind sehr dankbar dafür.

Wir wissen sehr wohl, dass gerade unser Element vorherrschend ausgenutzt, benutzt wurde und wird für eigenmächtige, selbstsüchtige Ziele. Da der Mensch uns übergeordnet ist, verrichten wir die Anweisungen unserer größeren Brüder und Schwestern. Doch wir sagen es hier klar und möchten auch, dass es sehr deutlich ausgedrückt wird: Nicht alles, was wir tun müssen, tun wir gerne. Weit gefehlt! In den vielen Jahrtausenden, die der Mensch die Erde bewohnt, ist unser Element immer wieder schamlos benutzt worden, um andere zu beherrschen, einzuschüchtern und auszubeuten.

Dies seht ihr überall auf eurer Erde, und es macht euch Angst, was ihr durch eure Medien seht. Diese Auswüchse, lieber Mensch, sind von triebhafter Natur. Sie sind weit entfernt von lebensaufbauenden und schönen Zielen. Sie entstammen dem Willen zur Macht und Unterjochung des Menschen. Dies soll und muss aufhören! Diesen zerstörerischen Energien solltet ihr keine Beachtung schenken. Konzentration, die auf Macht, Krieg und Brutalität gerichtet ist, verstärkt diese Energien und macht sie zu großen Monsterwesen. In Wahrheit jedoch sind wir friedlich und warmherzig.

So bitten wir euch eindringlich, achtet auf alles, was in euren Gefühlen beheimatet ist. Prüft euch, auch eure Gedanken und Gefühle. Sind eure Elemente in euch ausgeglichen, so beherrschen positive Gefühle euer Tagesgeschehen. Wir betonen hier sehr deutlich: Wir sind friedfertige Wesen und göttliche Helfer! Wir haben die Aufgabe übernommen, mit unserem heiligen, reinigenden Feuer alles zu reinigen, was nicht der göttlichen Vorsehung dient.

Sobald ihr euch mit uns verbindet, euch über euer Herz auf uns ausrichtet, sind wir augenblicklich präsent! Ist das nicht wunderbar? Könnt ihr dies annehmen? Fühlt in euer Herz, das, was da in euch brennt, das ist euer wahres Sein. Es ist die größte Kraft im Universum!

So versteht bitte: Lernt, diese Kraft in euch zu entwickeln, sie anzunehmen und auch anzuwenden. Seid bereit, ihr lieben Freunde, seid mutig und lebt nach den Prinzipien dieses mächtigen göttlichen Gesetzes, und euer Weg wird frei sein von allen Hindernissen und Gefahren.

Wir grüßen euch in Dankbarkeit und Liebe."

Das Luftelement
(Auszug aus der Durchsage)

"Ihr lieben Menschen, ich grüße euch!

Vor langer Zeit bildeten wir alle, die zuständig sind für diesen Planeten Erde, gemeinsam mit dem Menschen eine wunderbare Einheit. Doch dies ist längst vergessen.

Wir Lenker des Luftelementes dienen dem Himmel und der Erde, und entsprechend versorgen wir alles mit den Energieformen, die jahreszeitlich benötigt werden. Der Atem ist das verbindende

Element, und eure Gedanken sind die Kräfte, die diejenigen Impulse setzen, auf die wir in Windeseile antworten. So einfach gestaltet sich dies, so unglaublich einfach, dass ihr daran zweifelt! Doch denkt einmal darüber nach, was meint ihr: Die großen Denker und Dichter unter euch, woher haben sie all ihr Wissen? Woher kommt alle Gelehrtheit? Und so sagen wir dir, der du dies liest, wir sind die Boten all dieser Informationen, und unsere Auftraggeber sind die obersten Hüter der Elemente, es sind diejenigen, die ihr Menschen auf der Erde Erzengel nennt.

Von allen vier Himmelsrichtungen wehen wir die verschiedensten Informationen auf eure Welt, und jede Himmelsrichtung hat einen obersten Hüter. Mein Herrscher ist Erzengel Raphael, der Hüter des Windes, der vom Osten kommt. Es ist der Wind der Erneuerung, des Aufbruchs, des Denkens und der Entfaltung.

Ich, der nun heute zu euch spricht, bin ein Engel der Natur und habe meine Arbeitsstätte im Garten dieses Mediums. Ich versorge die Landschaft in der Region mit einer ganz besonderen Energie. Diese feinen Liebesschwingungen aus der Luft werden in die Weiten der Landschaft katapultiert, und alle Bäume, Pflanzen und so weiter profitieren von diesen feinen Schwingungen kosmischer Liebe.

So möchte ich auch dir mit diesen Worten den Odem der Liebe einhauchen. Spüre diese Liebe, während du meine Zeilen liest, und genieße für einen Augenblick die zarte Beziehung zwischen dir und mir. Genieße es, mit mir, der Natur und allen Wesen verbunden zu sein.

Ich bin ein Landschaftsengel und werde von meiner Freundin, die diese Zeilen für mich aufgeschrieben hat, 'Engel der Liebe' genannt.

Ich grüße dich!"

Anmerkung: Da wir Menschen aus allen Elementen zusammengesetzt sind, da alle Elemente über die sieben Schichten der Aura mit unseren Chakras, Zellen und Organen kommunizieren, ist es ganz natürlich, dass wir sie erfühlen und uns somit auch in eine heilende Kommunikation mit ihnen begeben können. Die Naturwesen sind daher nicht nur in den Räumen und Landschaften auf unserer Erde zu finden, sondern auch im menschlichen Körper. Jedes Organ wird von einem Naturwesen überwacht und gesteuert.

Kooperation mit der Natur

Wir sollten uns um eine Rückanbindung an die Natur bemühen. Bitte glauben Sie mir, wenn ich sage: Wenn jemand sein Herz für die Natur öffnet, kann er nicht nur die Verbindung zur Natur fühlen, sondern sogar mit ihr reden. Die Natur ist die einzige, unerschöpfliche und ewige Quelle, durch die der göttliche Lebensstrom fließt.

Während eines Channelings, das eine kleine Gruppe von uns mit dem Citrin hatte, beobachteten wir, wie die Naturwelten miteinander kommunizieren. Änne Schrag hatte ihren Erdenhüter-Kristall vor ihrem Channeling auf die Erde gestellt. In dem Moment, in dem der Kristall die Erde berührte, kamen fünf Kühe herbeigelaufen. Und sie kamen voller Freude, das konnten wir deutlich beobachten. Während wir meditierten, legten sich die Kühe vor uns ins Gras und blieben so die ganze Zeit bei uns. Und als wir die Meditation beendet hatten und der Citrin in seine Tragetasche gehoben wurde, erhoben sich die Kühe und liefen so schnell, wie sie gekommen waren, zu ihrem ursprünglichen Weideplatz zurück. Dies bestätigt die Aussage, dass alles Leben miteinander kommuniziert. Die Aufgabe, die uns Menschen dabei zukommt, ist, das zerstörerische Prinzip, das der Mensch gesät hat, wieder in die göttliche Ordnung zu bringen. Mit den Kraft- und Informationsfeldern, auf die ich im letzten Kapitel eingehen werde, wird das gelingen!

Nachdem ich diese Texte niedergeschrieben hatte, erlebte ich wenige Wochen später eine weitere, unglaublich schöne Begebenheit.

Die Liebeserklärung eines Frosches

Mein Mann und ich saßen unter der großen Katalpe, einem Baum, der an einem ganz besonderen Ort im Garten steht. Die Aura dieses Baumes bildet ein enormes Kraftfeld, das mit unserem Kraft- und Meditationsplatz im Wohnhaus korrespondiert. Während wir gemütlich dort saßen und unseren

Feierabend genossen, hörte ich etwas im Laub rascheln, wurde aufmerksam, entdeckte jedoch nichts.
So wandte ich mich wieder meinem Mann zu, bis
ich erneut ein Rascheln vernahm. Vorsichtshalber
zog ich die Beine hoch, da ich eine Maus unter
der Bank vermutete, und konzentrierte mich wieder
aufs Gespräch. Als dann ein drittes Mal das
Geräusch zu vernehmen war, sah ich plötzlich das
Gesicht einer Kröte, die mich unverwandt ansah.
Als mein Blick die großen Augen dieses Tieres er-
reichte, erinnerte ich mich plötzlich wieder an die
Texte, die ich über die Kommunikation mit der
Natur und die wiederherzustellende göttliche Ordnung geschrieben hatte. Es entwickelte sich ein un-
gewöhnlicher Dialog, während der Frosch mich
mit seinen übergroßen Augen die ganze Zeit über
liebevoll ansah. Als ich meine Ausführungen zu
meinen Texten beendet hatte, hüpfte er vor meinen
Augen über die gepflasterte Fläche in das Blumen-
beet unter dem Baum. Und siehe da, plötzlich saß
er ungefähr einen Meter vor meinem Mann und
schaute diesen unverwandt an. Das dauerte etwa
so lange, bis wir alles besprochen hatten und es
außer Frage stand, dass dies kein Zufall sein konnte.

In dem Moment hüpfte der Frosch von dannen und ward seitdem nicht mehr gesehen.

Später las ich in Jeanne Rulands Buch *Krafttiere* über Frösche nach und war mehr als verblüfft. Dort stand unter anderem: *"Durch den Blick in den Spiegel kannst du deine Möglichkeiten erkennen und auch, wie du die Kräfte, welche dir zur Verfügung stehen, zum Wohle aller und zur Wandlung einsetzen kannst. Wunder geschehen!"* Und weiter hinten: *"Suche Seen und fließende Gewässer auf; hier findest du Antworten auf deine Fragen. Du bist gesegnet. Das, was du der Welt gibst, wird Früchte tragen. Es ist dir bestimmt, viele Menschen im Herzen zu berühren und Heilung zu bringen."*

Durchsage des Froschwesens:

"Geliebte Menschen, ich grüße euch,

und ich bin es, den ihr einen Frosch nennt. Ich bin ein weiser Frosch. Ich möchte an dieser Stelle zu euch sprechen, damit ihr lernt, die Natur der wahren Dinge zu verstehen – das Einssein mit dem Licht und der Liebe. Wenn ihr so auf das Leben schaut und auf die täglichen Momente eures Lebens, werden sich die Wunder offenbaren, die um euch sind. Ihr werdet die Sprache der Schöpfung, die Liebe, neu erlernen, und es werden sich Dinge in eurem Leben offenbaren, die ihr nur im Glanz der sich entfaltenden Liebe zu ALLEM-WAS-IST sehen könnt.

Nun, nachdem mein Medium die Botschaft, die ich ihr übermittelt habe, verstanden hat, ist sie noch einen Schritt weiter gegangen und hat in entsprechenden Schriften über den Schamanismus eine Beschreibung unseres Wesens gefunden. Ja, wir sind Heiler – und zwar Heiler auf dem Gebiet des Geistes, indem wir Materie wieder ordnen. Wir Frösche, wie ihr uns nennt, arbeiten eng mit den Naturwesen des Erdelementes zusammen. Wir beatmen Substanzen auf der Erdoberfläche und hauchen ihnen den Rhythmus des Lebens ein – Elektronen, die mit der Heilkraft unseres Wesens aufgeladen werden.

Wisset, jedes Wesen auf unserem wunderbaren Planeten Erde hat seine eigene spezielle Aufgabe, und alle Wesen dienen dem Licht. So möchten wir euch auch dazu ermuntern, nein, dazu auffordern, die Welt um euch herum mit anderen Augen zu sehen, eure Wahrnehmung zu verfeinern, so dass ihr unsere Botschaften intuitiv wahrnehmt. Ihr müsst ja nicht gleich ganze Botschaften niederschreiben, das ist mit dieser Aufforderung nicht gemeint, sondern ihr solltet lediglich wieder lernen, die Sprache der Liebe zu verstehen.

Ich bin zu diesem Menschen gekommen, weil ich ihre große Liebe zu Mutter Erde spürte und ihr Bemühen, Menschen dazu zu motivieren, es ihr gleichzutun. Glaubt mir, die vielen Lichtkraftplätze, die schon entstanden sind, und die vielen, vielen, die noch entstehen werden, bauen Brücken zwischen den Menschen und den vielen unterschiedlichen Ebenen innerhalb der Erde und auf ihr. Möge der Schöpfer allen Seins euch die Augen öffnen für die Wunder der Liebe, die dann Realität werden.

So sei es!

Ich durfte zu euch sprechen, weil dieser Mensch gefühlt hat, wie wichtig mir diese Nachricht an euch ist. Gott ist Liebe, und euer Gott ist auch der meine. Und Gott ist Leben und Licht, auch für alle Wesen der Naturreiche.

Danke an alle, die verstehen!"

Tränen der Rührung flossen über meine Wangen, als ich diese Botschaft empfing, ich konnte so viel Liebe spüren. Dies war wieder eine Bestätigung für mich, dass wir alle aufgefordert sind, wieder die Verbindung mit den Naturreichen zu suchen.

Mitteilung der Elfen:

Als ich dieses Erlebnis auf einem Workshop schilderte, meldete sich eine Teilnehmerin und sagte mir, dass die Elfen gerne auch im Buch erwähnt werden möchten. Deshalb bin ich dieser Bitte nachgekommen und habe eine Mitteilung der Elfen an uns Menschen aufgeschrieben, als sie sich während einer Meditation bei mir meldeten:

"Hallo, geliebtes Menschenkind, wir sind schon da! Hörst du uns?"

Ich holte meinen Schreibblock und konzentrierte mich wieder nach innen, um zu lauschen, was mir die Elfen mitteilen wollten:

"Guten Morgen, geliebtes Kind des Lichtes, wir grüßen dich und sind voller Liebe und Freude, dass wir uns durch dich mitteilen können - den

Menschenkindern mitteilen können, wie wertvoll das Dienen ist, das Dienen der großen Mutter Erde und ihren üppigen Naturreichen! Wir sind so unendlich dankbar, es erfüllt unser ganzes Sein.

Wir sind aus Photonen zusammengesetzt und schwingen auf einer hohen Lichtoktave. Unsere Aufgaben sind vielfältig. Wir gehören zum Luftelement und sind unter anderem zuständig für die Reinigung euer Luft, die ihr atmet. Wir transportieren die Elektronen aus dem Herzen unseres Schöpfers in eure physische Welt. Die Substanzen der reinen Elektronen dienen euch, sie erhalten euer Leben. Was meint ihr, wenn diese feinen Schichten des Sauerstoffs von uns nicht ständig gereinigt würden, wie lange könntet ihr auf eurem Globus überleben? Es ginge ganz schnell bergab mit euren Lebenskräften, da eure Luft von den vielen unguten Eigenschaften in eurer Sphäre belastet ist. Zum einen sind es die technischen Errungenschaften – wie ihr diese nennt – und zum anderen sind es eure Gedanken- und Gefühlsstrukturen, die diese Elektronen, die um euch herum sind, beeigenschaften.

Wir stehen beständig im Dienst des Lichtes und der Schöpfung, um euer Dasein auf der Erde zu ermöglichen. Wenn ihr dies doch besser verstehen könntet! So arbeiten wir sehr eng mit allen Pflanzen, Bäumen und ganzen Landstrichen, die den großen Natur-Devas unterstellt sind, zusammen. Alles ist vom selben Geist durchzogen, alles atmet, alles pulsiert mit dem Herzschlag unseres Schöpfers. So seid auch ihr ganz tief mit uns verbunden! Mit jedem Atemzug könnt ihr uns erreichen.

Ein gedachtes Wort der Liebe für uns würde uns sehr glücklich machen. Eure Gedanken der Liebe für die Schöpfungen Gottes im Garten Eden könnten wir direkt zu aufbauenden Zwecken nutzen und an die Naturreiche weiterleiten.

In dem *Herzstern*-Projekt sehen wir ein großes Potenzial, die Menschenwelt wieder mit der Naturwelt zu vereinen. Wir sehen sehr wohl den Wandel in vielen Menschenherzen, wir sehen die vielen Seelen, die sich zurückbesinnen auf die Schönheit eines natürlichen Lebens im Einklang mit allem, was ist.

Die Zukunft auf der Erde wird wieder so sein wie einst, als alles Leben miteinander kommunizierte. Alles existierte im Gleichklang der Liebe, und es war ein Paradies auf Erden. Die Natur um euch herum lauschte den Liebesgesängen, die aus eurem göttlichen Lichtkörper strömten, und alles war leicht und folgte dem Strom der Schöpfung. Könnte es nicht wieder so sein? Bitte helft mit, öffnet euer Herz, so dass sich das Bewusstsein auch öffnet für die Schönheit der Schöpfung.

Wenn ihr in euren Körpern Frieden und Glück erfahrt und ihr euren Fokus auf das Positive richtet, dann seid ihr im Einklang mit dem Luftelement und könnt mit uns kommunizieren. Über einen Naturaltar beziehungsweise einen Lichtkraftplatz in euren Gärten oder im eigenen Heim kommt ihr schnell mit uns in Kontakt. Wir möchten euch hiermit dazu ermuntern, es einmal zu versuchen!

Wir grüßen euch und senden euch unsere Liebe und unseren Dank für eure Aufmerksamkeit.

Aus den Reichen der Natur,
die Elfen!"

Das Manifestationsprinzip

Das Prinzip der Schöpfung: Liebe

Die unveränderlichen Gesetze, die alles Leben hier auf der Erde steuern und auf ewig die Ordnung bewahren, basieren alle auf dem einen großen Prinzip der Schöpfung: Liebe. Sie ist das Herz, die Quelle und das Zentrum von ALLEM-WAS-IST und von allem, was je sein wird. In ihr findet jede materielle Existenz statt. Liebe ist der verbindende Faktor im Universum, und Liebe ist die ultimative Kraft, ohne die das Universum nicht existieren würde.

Die Aufgestiegenen Meister sagen, dass die Liebe die Kraft ist, die die Elektronen im Herzzentrum des Menschen formt. Diese Kraft dreht sich um einen zentralen Kern, und der Atem in diesem Kern zieht die Elektronen herein, wodurch ein Kraftwirbel entsteht. Elektronen und Zentralkern gemeinsam bilden ein Atom. Dabei ist das Elektron der reine Geist, das Licht Gottes und bleibt immer vollkommen. Es besteht ewig, ist unsterblich und ist reinste Lichtenergie, die ewig vollkommene

Lebensessenz Gottes. Die Anzahl der Elektronen, die sich in einem Atom verbinden, ist abhängig von der Art der Gedanken. Die Bewegungsgeschwindigkeit um den Kern wird durch Gefühle gesteuert. Im zentralen Kern des Atoms ist der "Atem Gottes", der Anziehung und Drehbewegung steuert, die höchste konzentrierte Aktivität göttlicher Liebe. Daraus schließen wir, dass ein Atom ein lebendiges, atmendes Wesen ist, erschaffen und in die Welt projiziert durch die Liebe und den Atem Gottes – durch den Willen selbstbewusster Intelligenz. Auf diese Weise wird das Wort zu Fleisch.

Das selbstbewusste Wesen "Mensch" kann diesen Mechanismus durch Gedanken und Gefühle bewusst in Gang setzen, um jegliche Manifestation im eigenen Sein durchzuführen. Dabei ist der bewusste Wille wichtig! Konstruktive Gedanken und harmonische Gefühle sind Aktivitäten von Liebe und Ordnung im menschlichen Geist und Körper und beschleunigen die Materialisierungsprozesse. Disharmonische Gedanken und Gefühle dagegen verringern die Geschwindigkeit der Elektronen derart, dass eine Manifestation des Gewünschten verhindert wird. Wir Menschen haben also die Macht, uns durch aufbauende, lebensbejahende Gedanken und Gefühle bis in die höchsten Höhen zu erheben – oder durch Negativität ganz tief zu sinken.

Zu diesem Thema kam eine Durchsage vom Maha Cohan:

"Geliebte Freunde, die ihr an diesem vertiefenden Wissen interessiert seid, ich grüße euch mit dem Segen des Schöpfers allen Seins und bin bei euch, wann immer ihr es erlaubt und ihr mit diesem Wissen eure Manifestationen ins Leben ziehen möchtet.

Mit dieser Methode, die euch hier an die Hand gegeben wird, mit den Übungen im Hauptband sowie mit den Symbolkarten habt ihr ein Werkzeug aus unseren Ebenen erhalten, das ihr für all eure Belange auf der irdischen Ebene einsetzen könnt. Dabei erschafft euer Bewusstsein die Realität auf der Ebene, auf der ihr arbeitet. Sei es zu heilenden Zwecken, in pflegenden Berufen oder in euren wirtschaftlichen Systemen. Überall wird Heilung gebraucht. Die Menschheit ist gerade dabei, sich von Grund auf zu erneuern und sich der mächtigsten Kraft im Universum zu öffnen: der Liebe.

Von daher ist es jetzt wichtig, dass unser Wissen durch viele, viele Menschen verbreitet wird, so dass diejenigen, die jetzt erwachen, ein Wissen vermittelt bekommen, das sie auch annehmen können. Das Bewusstsein, das viele Zeitalter lang unterjocht wurde, muss, ich sage ganz bewusst 'muss', heilen. Der Mensch soll und muss jetzt in seinem Bewusstsein *heil* werden.

Doch meine Geliebten, das wird geschehen, dafür stehen euch alle Hilfen zur Verfügung.

Allein schon die Möglichkeit, sich mit diesem heiligen Symbol zu verbinden, so dass unsere Energien in euch einfließen können, ist eine große Möglichkeit zur Heilung auf allen Ebenen. Nutzt diese Möglichkeit, die diese Methode euch bietet, und euer Herz wird überfließen vor Liebe zu allem, was euch umgibt.

Soweit an dieser Stelle meine Ausführung. Seid gegrüßt!"

Der Herzschlag des Schöpfers

Die von Gott ausgesandten Elektronen sind kleinste geistige und intelligente Wesen, die sich in der Luft befinden, die wir einatmen. Der Herzschlag des Schöpfers ist der Pulsschlag allen Lebens. Die Aufgestiegenen Meister können diese Kräfte durch ihr bewusstes Denken lenken, und auch wir Menschen können diese Energien anzapfen, wenn das erwachte Bewusstsein und das geistige Wissen dazu benutzt werden, um diese größeren Kräfte zum Magnetisieren von Materie zu nutzen. Die magnetische Kraft, die in diesen Elektronen vorhanden ist, stattet uns mit der Fähigkeit aus, das eigene Leben neu zu gestalten, sei es, dass wir dem Leben eine schönere Form geben oder eine vitale und gesunde Form wählen möchten. Gleichermaßen können wir die Werkzeuge dieser Methode nutzen, um die Strahlung der göttlichen Wesen herbeizuziehen. Das elektronische Licht im eigenen Herzen verbindet uns mit dem großen Herzen des Schöpfers – und nur in dieser Verbindung liegt die Kraft, die eigene Meisterschaft zu erreichen.

Durchsage von Jesus

"Meine geliebten Brüder und Schwestern, meine Liebe gebe ich euch, Friede sei mit euch!

Das Wort *Liebe* ist auf eurer Erde zu einem Unwort geworden, das in seiner Reinheit auf eurer physischen Ebene nicht mehr existiert. Und doch sage ich euch, nur die Liebe kann euch in die Vollkommenheit und Schönheit eines göttlichen Lebens führen, das in all seiner Herrlichkeit in alles strahlen kann, wenn ihr bereit seid, den Aufstiegsweg zu gehen.

Wenn ihr euch einmal tiefer in diese Geschehnisse hineinfallen lasst und eure Verbindung vom Gehirn zum Herzen schafft, öffnet sich ein Tor zu den Ebenen des Kosmos und zum göttlichen Geist. Dieser Weg muss gegangen werden, meine Geliebten, damit ihr in eure Kraft, in eure Herzenskraft kommt und somit auch in eure Verbindung zu eurem göttlichen Licht.

Die Beziehung zu eurem eigenen Gott im Inneren ist sehr wichtig für alles Kommende!

Durch dieses verbindende Element, die kohäsive Anziehungskraft der Liebe, seid ihr mit allem verbunden, WAS IST! Wenn ihr zentriert im

Herzen seid und mit eurer eigenen Göttlichkeit kommuniziert, seid ihr auf der Bewusstseinsebene der Aufgestiegenen Meister und im Bewusstsein des göttlichen Energiefeldes. Diese Ebene lässt euch die gleichen Wunder vollbringen, wie ich sie euch vor 2000 Jahren lehrte. Vertraut darauf, und es wird geschehen!

Oh, meine geliebten göttlichen Brüder, meine geliebten göttlichen Schwestern, vertraut euch selbst, werdet zu den Schöpfergöttern, die ihr wahrhaftig seid.

Ich lehrte euch viele Male schon den Weg der Liebe, den Weg des Herzens, doch worauf wartet ihr? Glaubt ihr wirklich immer noch, dass er nur privilegierten Menschen offensteht? Bei Gott gibt es keinen Unterschied, alle seine Kinder haben die gleichen Rechte, aber auch Pflichten! Diese werden durch seine universellen Gesetze ausgedrückt. Und diese gilt es zu befolgen, wenn sich Gesundheit, Fülle und Erfolg einstellen sollen. Mehr ist nicht zu tun!

Die Schritte dahin sind für jeden individuell, auch hat jeder seinen eigenen Willen, wann und wie er nach Hause kommen möchte. Und doch, meine Lieben, Liebe ist der Schlüssel zu ALLEM-WAS-IST! Euch steht ein Universum zur Verfügung, das alles in Hülle und Fülle für jeden bereithält, der liebt und auch in seinem Nächsten einen Sohn und eine Tochter Gottes sieht.

So sage ich euch, meine Liebe ist so groß und mein Herz ist so weit, dass jeder meiner geliebten Brüder und Schwestern einen Platz darin finden kann. Kommt zu mir, ruft mich an und ich bin für euch da!"

Grundsätzliche Mechanismen

Unser Körper ist in alles Leben eingebunden, das uns umgibt. Durch die Poren der Aura fließen beständig kosmische Elektronenströme in unser Lebensfeld, selbst wenn wir nachts schlafen, findet solch ein Austausch statt. Beständig strömen also unterschiedlichste Energieformen aus dem ätherischen in unser Lebensumfeld, und der Mensch drückt mit seinen gedanklichen und emotionalen Einflüssen diesen Energien seinen Stempel auf. Es gibt demnach keinen Augenblick in unserem Leben, in dem wir nicht an der Gestaltung unseres Lebens beteiligt sind, ob wir das wissen oder nicht! Wenn wir also meinen, dass wir diese Fähigkeiten erst erwerben müssen, dann ist dies eine falsche Auffassung.

Durch Unwissenheit haben wir leider mehr Unglück und Begrenzung erschaffen, als uns guttut. All das, was wir in dieser Welt sehen, resultiert aus der Unkenntnis der kosmischen Gesetze, denen wir uns nicht entziehen können. Da wir aber über die Macht der Manifestationskraft verfügen, sollten wir wieder lernen, unsere schöpferischen Kräfte bewusst, aufbauend und lebensfördernd anzuwenden.

Gedanken und Gefühlsmuster

Bereits im vorigen Kapitel bin ich auf die Macht unserer Gedanken und Gefühle eingegangen, aber da das Thema so wichtig ist, möchte ich an dieser Stelle noch einmal darauf zurückkommen.

Unsere Gedanken und Gefühlsmuster, die in unserem Unterbewusstsein arbeiten, sind beständige Energieströme, die wir meist nicht bewusst wahrnehmen. Durch die sich stetig erhöhenden Schwingungen göttlichen Lichtes werden wir nun vermehrt mit dem Rückfluss der einstmals ausgesandten Energien konfrontiert, und die Anhäufungen von blockierenden Energieformen lagern in unseren Energiezentren (Chrakras).

Wir können aber nur dann von Krankheit und Problemen frei werden, wenn wir diese Zentren gründlich reinigen und unser inneres Bewusstsein drastisch ändern. Erst wenn wir dies erreicht haben, erst wenn wir die Wirkung des unkontrollierten Denkens und Fühlens erkennen und auflösen, kann sich in unserer äußeren Welt Vollkommenheit manifestieren!

Leid ist demnach die Wirkung unkontrollierten Denkens und Fühlens. Um unsere innere Natur zu verändern, bedarf es positiver Gedanken und Gefühle. Dies sind ewig geltende Gesetze! Die Welt um uns herum ist eine Welt des Geistes, des Bewusstseins, eine Welt der Gedanken und Gefühle, in der alles Ausgesandte wie ein Bumerang zum Absender zurückkehrt.

Um uns herum ist das intelligente, elektronische Urlicht aller Atomkraftteilchen, die der Urstoff

74

jeder Manifestation sind. Es sind lebende, intelligente, unbewertete Bausteine des Universums, die alles materialisieren – auch das, was noch an Ablagerungen in unseren Chakras gespeichert ist. Deshalb ist ein in hohem Grade gereinigtes Bewusstsein notwendig, um aus dem Urlicht beziehungsweise der Urmaterie Wünsche und Visionen auf jeder individuellen Realitätsebene zu verankern.

Der Mensch als Mitschöpfer

Die kleinste Manifestation des Lebens sind die Elektronen, aus denen der Körper Gottes geschaffen ist. Alles, was wir sehen, ist aus diesem Urlicht manifestiert worden. Alles Geschaffene und alles, was jemals in die Materie kommt, ist aus diesem Licht zusammengesetzt und mit Intelligenz versehen. Diese Intelligenz antwortet mit der Schnelligkeit eines Blitzes auf die schöpferische Kraft der Gedanken und Gefühle, sowohl auf die Gottes als auch auf die des Menschen. Die Elektronen in ihren verschiedensten Formen bilden wiederum die Atome unserer physischen Welt. Ihre geometrischen Muster und die Schnelligkeit ihrer

Schwingung rund um den zentralen Kern eines Atoms bestimmen dabei den besonderen Typ, und Atome, die in der gleichen Frequenz schwingen, formen die Substanz. **Jede Form wird so in die Materie gebracht!**

Die schöpferische Kraft bestimmt die Schwingungstätigkeit des Atoms sowie des geometrischen Musters, das in ihm enthalten ist. Daher ist jede physische Substanz ein Teil des universellen Lichtes. Alle Elektronen sind äußerst sensitiv und gehorsam und folgen der Leitung Gottes und des Menschen. Sie sind ständig in Bewegung und pulsieren mit dem göttlichen Atem, der uns belebt und am Leben erhält.

Auch unbelebte Gegenstände schwingen, doch der physische Körper reagiert schneller auf diese Frequenzen des göttlichen Lichtes als ein unbelebter Gegenstand, weil seine Schwingung sehr viel höher ist und mit der schöpferischen Macht der unsterblichen, schöpferischen, dreifältigen Flamme im Herzen des Menschen in Verbindung steht. Dabei gilt: Je höher die Energie im menschlichen Körper ist, umso schneller ziehen wir die gewünschte Substanz in die Materie.

Es ist daher logisch, dass wir die Struktur des physischen Körpers verwandeln können. Wir können Schönheit, Harmonie, Gesundheit und vieles andere mehr manifestieren, wenn wir uns die Zeit nehmen und auch die Macht des gesprochenen Wortes benutzen, um die göttliche Substanz der Elektronen damit zu beeigenschaften. Jeder von uns ist ein Zentrum Gottes und somit auch ein Mitschöpfer, und die Lichtsubstanz steht uns unbegrenzt zur Verfügung, damit wir sie segensreich für uns und unsere Mitmenschen nutzen können.

Diese Substanz, die mit Intelligenz angereichert ist, möchte ihre eigenen selbstbewussten und schöpferischen Kräfte entfalten. Sie wartet auf Menschen, die dieses Potenzial für sich nutzen möchten, um eigene Energieformen mit dem Bewusstsein der Aufgestiegenen Meister und dem göttlichen Bewusstsein zu kreieren, um das "Gewünschte" also zu erschaffen. Besonderes ein Mensch, der die Liebe in sich trägt, wird zu einem Magneten, der die Elektronen der schöpferischen Lichtsubstanz geradezu anzieht. Durch eine Ausrichtung auf das eigene Herzenslicht wird der

menschliche Körper so in seiner Form neu belebt
– jede Zelle, jedes Organ und auch das Gehirn.

Ohne Begrenzung können wir so in stiller Zu-
rückgezogenheit und Kontemplation die Schleusen
zur göttlichen Matrix öffnen. Energie folgt der
Aufmerksamkeit, das heißt, worauf wir unseren
Fokus richten und womit wir uns beschäftigen –
genau dem werden wir in unserem Leben begegnen.
Höher schwingende Energieformen beschleunigen
den Materialisierungsprozess dabei sogar deutlich, ja mehr noch, sie bringen das Erwünschte
erst in die materielle Form. Diese Elektronen
bringen tatsächlich jede Form hervor, die wir benötigen. Unsere Gedanken und Gefühle formen
diese Lichtsubstanz zur Materie, wenn beide
immer wieder rhythmisch aufgeladen werden.

Neben der Materialisation unserer Wünsche
kann das göttliche Licht alle Zellen, Muskeln,
Sehnen, Knochen, Venen und alle Organe erneuern,
wenn wir diesen Prozess willentlich einleiten und
ihn so lange kontinuierlich mit dem eigenen Willen
und dem Willen Gottes über unser Herz aufladen,
bis er sich manifestiert.

Mitschöpfer sind wir immer, ob wir uns darüber im Klaren sind oder nicht, denn durch unsere Gedanken, Emotionen oder durch Aktionen erschaffen wir fortwährend unsere Realitäten. Auch wenn die Elektronen in disharmonische Gedanken eingebaut oder mit disharmonischen Gefühlen beladen sind, sind wir dafür verantwortlich. Sie kommen dann in Form von Blockaden und anderen Beschwerden in unsere Welt zurück, damit wir sie wieder reinigen. Um endlich ein erfülltes Leben führen zu können, müssen wir lediglich auf die Qualität unserer Gefühle achten und Achtsamkeit erlernen – unseren Gefühlen gegenüber, denn diese erschaffen jede Realität! Disharmonische, sorgenvolle Gedanken und Gefühle kreieren eine beschwerliche und leidvolle "Wirklichkeit", während freudige, lichte und optimistische Gedanken und Gefühle eine freudvolle und harmonische Realität nach sich ziehen.

Visualisierungsübung:
Nehmen Sie eine meditative Haltung ein, und atmen dreimal in Ihren Herzraum. Visualisieren Sie, wie die schöpferische

Energie aus der ICH-BIN-Gegenwart in Ihr Herz strömt und wie sie sich dort ausdehnt, bis Sie die prickelnde Wärme im gesamten Brustraum spüren. In der Stille können wir den Strom der Elektronen im eigenen Herzen visualisieren und fühlen. Wir lassen dieses Gefühl wachsen und stellen uns dabei vor, wie sich diese unsterbliche Kraft des Lebens immer weiter ausdehnt und voll entwickelt!

Jeder Mensch hat sein eigenes elektronisches Muster

Jeder hat sein eigenes elektronisches Muster, das sich von dem anderer Menschen unterscheidet. Jedes Muster und jede Form enthält den Abdruck der ICH-BIN-Gegenwart, die sich durch den Menschen in ihrer ganzen Fülle manifestieren will.

Der große Schöpfer des Universums sendet durch seinen pulsierenden Atem ununterbrochen diese intelligenten Elektronen aus, damit wir sie "bewusst" nutzen können. Sobald ein Elektron angezogen wird, nimmt es die Form des persön-

lichen Musters des Menschen an. Wenn diese Substanz dem Gesetz des Kreises entsprechend dann
wieder hinausgeht, kehrt sie mit zusätzlicher
Ladung zum Schöpfer zurück. Jede Gedankenform,
jede Gefühlsform, jedes Wort und jede Handlung
trägt somit den Stempel dessen, der die Energie
angezogen, aufgeladen und wieder ausgesandt hat.
Auf dem Weg in die eigene Kraft entwickeln wir
uns, wenn wir um diese Gesetzmäßigkeit wissen,
vom unbewussten zu einem verantwortungsbe-
wussten Mitschöpfer.

Wir lernen dabei, in Klarheit über die eigenen
Taten und ihre Auswirkungen zu urteilen und entsprechend zu handeln, und wir erkennen unsere
großartigen Fähigkeiten und Möglichkeiten, dieses
Wissen zum höchsten Wohle aller einzusetzen.
Die Kraft, die so durch uns freigesetzt wird, kommt
dem Gesetz der Entsprechung folgend zu uns
zurück und bringt noch zusätzlich Energien gleicher
Art mit sich.

Die dreifältige Flamme

Sie ist ein Symbol der Liebe, das im feinstofflichen Herzen des Menschen verankert ist, und besteht aus den Aspekten der Farbstrahlen:

Rosa = universelle Liebe

Goldgelb = Weisheit

Blauweiß = göttlicher Wille

Es ist die schöpferische Kraft des Lebens in einer dreifachen Aktivität: der Vater, der Sohn und der Heilige Geist. Sie ist die Kraft, die Lebensessenz im Universum, aus der alles erschaffen wird. Beginnt diese dreifältige Flamme in unserem Herzen zu strahlen, wird das gesamte Lebensumfeld mit ihren hohen Schwingungen versorgt. Alle Pflanzen, Tiere und Menschen nehmen diese besondere Energie auf und bekommen entsprechende Impulse.

Die Aktivität dieser Flamme besteht zum einen aus dem elektronischen Licht (Urlicht, Ursubstanz ...), welches das gesamte Universum mit seinen intelligenten, ungeformten Eigenschaften durchflutet. Diesen Elektronen können wir, wie weiter oben beschrieben, spezielle Eigenschaften aufprägen. Doch diese Kraft darf nur zum Guten verwendet werden – was bislang leider meist nicht beherzigt wurde. Die Erde und alle Substanzen auf ihr empfangen ununterbrochen Schöpfungsimpulse der Menschheit – doch was wurde erschaffen? Unsere Welt, wie wir sie jetzt vorfinden, ist das Produkt unkontrollierter Gedankenkräfte. Dabei ist es wichtig, dass wir begreifen, dass wir alle Missschöpfungen auflösen können, um in Zukunft nur gute Gedankenformen zu bilden.

Die Voraussetzungen für den Gebrauch dieser großen schöpferischen Kraft müssen wir zuerst durch ein inneres Wachstum selbst schaffen – wobei wir dadurch die Aspekte der kosmischen Gesetze in uns aktivieren. Diese heißen: Liebe, Hingabe an das Gute, Mitgefühl, Frieden und Verbundenheit mit den kosmischen Gesetzen.

Zusammenfassung:
Wichtige Schritte zur Manifestation

Wir müssen das Feuer der Liebe im eigenen Herzen aktivieren, damit das gewünschte Resultat auf der materiellen Ebene erscheint!

Deshalb ist eine wichtige Voraussetzung für das Erschaffen aus der Urmaterie die Aktivierung der schöpferischen Liebeskraft, sie ist das Prinzip der Schöpfung:

1. Die Urkraft des Universums, das Urlicht, ist eine reine, neutrale, elektronische Energieform – das Licht des Vaters (Blauweiß).

2. Im Zentralkern des Atoms, das jede physische Form erschaffen kann, ist die zusammenziehende Kraft der göttlichen Liebe, der Atem Gottes, enthalten.
   Konstruktive Gedanken und harmonische Gefühle beschleunigen die Geschwindigkeit der Elektronen im Atom, da sie Liebe und Ordnung aktivieren. Durch den maßgeblichen Willen und durch das Fühlen wird der Atem Gottes im Atom dauerhaft genährt. Mit anderen Worten: Der Gedankenform wird durch unser "Fühlen" Leben eingehaucht, sie wird auf diese Weise mit Energie versorgt.

Durch stetiges Visualisieren wird die göttliche Kraft angezogen, das göttliche Licht zur Erschaffung der physischen Form.

3. Die schöpferische Kraft, das schöpferische Prinzip des Lebens, ist eine dreifache Energieform:
   1. Die Kraft der Gedanken (goldgelber Farbstrahl) = Scheitelchakra
   2. Die Kraft des Willens (blauer Farbstrahl) = Halschakra
   3. Die treibende Kraft der Herzensliebe (rosa Farbstrahl) = Herzchakra

Der Zweck dieser Flamme ist es, die elektronische Energieform anzuziehen, was zur physischen Manifestation führt (eine genauere Beschreibung der Farbstrahlen finden Sie im Hauptband *Der Herzstern*). Die dreifältige Flamme wird durch unsere Liebe aktiviert, durch die wir alle Formen von Materie erschaffen können. Diese universelle Lichtsubstanz macht uns zu Mitschöpfern Gottes.

Das Schöpfungsprinzip

Die Aufgestiegenen Meister erklären das Manifestationsprinzip wie folgt: Das elektronische Licht folgt den schöpferischen Impulsen der dreifachen Substanz. Sie ist das Feuer der Schöpfung. Es ist die einzige schöpferische Kraft, die sich grenzenlos vervielfältigen kann, sei es im Universum oder in der ICH-BIN-Gegenwart eines Menschen, der sich mit dieser Lichtsubstanz auf einer Schwingungsebene befindet.

Die Elektronen aus der ICH-BIN-Gegenwart fließen dabei ins physische Herz und können dort durch gezielte Gedankenstrukturen geprägt werden. Jedes Elektron, das in ein Menschenherz eintritt, wird zur persönlichen, selbstbewussten Intelligenz und kann von dort wieder bewusst in die Urkraft hinausprojiziert werden.

Wenn das Herz das Licht empfängt, steigen die Elektronen von dort durch die Kehle in das Gehirn, wo sie in eine Form gebracht werden. Hierbei ist unbedingt darauf zu achten, dass nur ehrbare Gedanken und Gefühle diese schöpferischen Kräfte lenken, denn manipulative Gedanken und

Gefühle würden nur erneutes Karma, Probleme und Krankheiten schaffen.

Die wichtigsten Schritte

1. Schritt:
Das Überdenken des Motivs

Prüfen Sie genau, ob Ihr Wunsch aufbauend für Sie und andere Mitmenschen ist, alle Wünsche sollten mit den universellen Lebensprinzipien übereinstimmen. Positive Wünsche sind wie Antriebsfedern für das eigene Leben, die unser wahres Potenzial zum Ausdruck bringen.

Durch bildhafte geistige Vorstellungen und Wünsche können Sie einen ganzen Lebensplan verwirklichen! Sie können ihn aber auch in einzelnen Abschnitten immer wieder neu ordnen oder einfach persönliche Vorlieben kreieren.

2. Schritt:
Schreiben Sie alles auf

Schreiben Sie alles so klar wie möglich auf, somit bekommt der Wunsch eine Form. Ich schneide mir immer eine runde Scheibe aus gelbem

Karton zurecht. Hierauf zeichne oder klebe ich Bilder, die mit meinen Wünschen in direktem Zusammenhang stehen. In die Mitte dieser Scheibe kommt eine verkleinerte Kopie des *Herzsterns*, und darauf schreibe ich mein Geburtsdatum. Meine Wünsche schreibe ich dann auf nach außen verlaufende Linien, die wie die Speichen eines Rades wirken. Die gemalten Bilder an den Rändern der Scheibe speichert das Unterbewusstsein sofort.

3. Schritt:
Stellen Sie sich Ihren Plan oder Wunsch als bereits realisiert vor

Schnell und wirkungsvoll lassen sich Ihre Wünsche nur dann realisieren, wenn Sie sich diese Wünsche als bereits realisiert, als gelebte Realität vorstellen. Sobald Sie eine Vision oder Idee aufgeschrieben haben und diese täglich durchlesen, ist sie beim Lesen sofort in die gelebte Realität umzuwandeln, das heißt, wir stellen uns die Idee als bereits verwirklicht vor! Wir schließen unsere Augen und stellen uns unseren Wunsch oder Plan in seiner vollkommenen Form vor und sehen ihn als realistisches Bild. Die Visualisation und die Kraft des Fühlens sind die schöpferischen Kräfte, die sie dazu befähigen, den Wunsch in eine Form zu pressen. Unsere Gefühle der Freude, Liebe und Dankbarkeit erzeugen das nötige Magnetfeld, um den Materialisierungsprozess in Gang zu setzen. Je reiner die Gefühle, umso höher ist die Schwingung – und umso schneller nehmen Ihre Ideen in der irdischen Realität Gestalt an. So leicht können wir die eigene Gegenwart umgestalten. Dabei ist es ebenso wichtig, dass Sie sich vorstellen, dass Sie auch verdient haben, was Sie sich wünschen!

4. Schritt:
Tägliches Visualisieren und Lesen

Indem Sie den Verstand ständig daran erinnern, dass Ihre Ideen der eigenen göttlichen Quelle entspringen und indem Sie Ihre Gefühle und Vorstellungskraft nutzen, prägen Sie den Elektronen Ihren Stempel auf. Sie verstärken ständig die Anziehungskraft des Magnetfeldes.

Je tiefer Sie Ihre Ziele in Ihrem Herzen tragen, umso schneller lassen sie sich verwirklichen, und je öfter diese Ziele immer wieder ins Gedächtnis gerufen werden, umso wirkungsvoller manifestieren sich Ihre Ideen.

5. Schritt:

Dem Vater für die Segnungen danken

Schicken Sie immer wieder Liebe zu dem Gegenstand Ihrer Visualisation, und danken Sie Gott für die bereits erhaltenen Segnungen. Dabei können Sie Ihren Wunsch an Jesus oder direkt der göttlichen Energie übergeben. Über die ICH-BIN-Gegenwart sind wir direkt mit der Lebensessenz des Schöpfers, mit dem Feuer seines Herzens, verbunden.

Anrufung:

"ICH BIN die in mir wohnende göttliche Gegenwart, die meine Vorstellung, meinen Wunsch *jetzt* manifestiert!"

"Ich übergebe meine Vorstellung, meinen Wunsch (Plan, ...) der göttlichen Energie! Ich danke DIR, lieber VATER, für die Erfüllung meines Wunsches." (3x wiederholen)

Bei einer Heilung:

Wenn wir um Heilung bitten, müssen wir zuerst das Gesetz der Vergebung anrufen, damit der

90

Zustand, der zur Krankheit führte, in die göttliche Ordnung zurückkehrt. Dabei verbinden wir uns mit JESUS und Mutter MARIA und visualisieren sie als leuchtende Lichtgestalten.

> "Ich rufe das Gesetz der Vergebung an und bitte darum, dass mein ... (Zustand benennen) wieder in die göttliche Ordnung zurückkehrt.
>
> Ich danke euch Geliebten für euer Heilungslicht und dafür, dass sich meine Gesundheit jetzt manifestiert!" (3x wiederholen)

6. Schritt:
Den Körper mit zwölf göttlichen Aspekten aufladen

Mit den zwölf göttlichen Farbstrahlen wird der Kausalkörper mit all den Energien aus der geistigen Welt versorgt, die dienlich sind für unseren Aufstieg. Je öfter wir das tun, umso gewinnbringender und logischer wird unsere Arbeit. Ein Bewusstsein, das stetig von der göttlichen Energie der zwölf Strahlenaspekte gespeist wird, kann alles beseitigen, korrigieren und aus der Urmaterie erschaffen. Wenn wir die Kraft unserer

Gedanken dann noch mit unseren Gefühlen aufladen, können wir wirklich alles neu erschaffen und ins Positive lenken.

Durch eine konstruktive Zusammenarbeit mit der geistigen Welt, indem wir die Elohim, die Engel, die Aufgestiegenen Meister und die Elementarwelt bitten, uns bei der Umsetzung unserer Wünsche behilflich zu sein, verbinden wir unsere menschlichen Visionen mit dem göttlichen Gedankenfeld. Das ätherische Muster Seines göttlichen Planes für Sie ganz persönlich und/oder für unsere Erde kann sich dann nach Seinen Vorstellungen auf unserer irdischen Ebene verwirklichen.

Es können sich Wünsche innerhalb einer Woche manifestieren, innerhalb eines Jahres und bei umfassenden Wünschen kann dies durchaus auch mehrere Jahre dauern. Wichtig dabei ist, dass wir unsere Wünsche nicht vergessen, sondern immer wieder mit der eigenen Herzenergie aufladen! Durch einen gefühlsmäßigen und tiefen Kontakt zu den geistigen Ebenen können Sie eigene Wunschbilder und Ideen mit Energien der himmlischen Ebenen beseelen und die Abläufe beschleunigen.

Hierzu eine Durchsage von Mutter Maria:

"Geliebte Kinder, Friede sei mit euch und Friede in euren Herzen,

ja, in der Tat, wenn ihr die Möglichkeiten der verbindenden Symbole zu unseren Ebenen nutzt, gelangt ihr schneller zu euren Zielen, und der Prozess, der in Gang gesetzt wird, verläuft weniger schmerzlich, als wenn ihr euch auf ein langes Visualisieren konzentriert. Hier stehen euch unsere Energien unmittelbar zur Verfügung, wie ihr ja anschaulich auf den Bildern erkennen könnt.

Ganz wichtig, meine geliebten Kinder, ist in diesem Prozess euer göttlicher Teil, der den Kanal zur geistigen Ebene aufbaut und in den wir unsere Energien einfließen lassen. Eure Schutzengel, die an eurer Seite sind, überwachen die energetische Versorgung mit dem Licht aus unseren Ebenen.

Ich möchte euch noch um eines bitten, dies ist sehr wichtig in den Tagen der vollkommenen Umwandlung auf eurer Erde! Geht mit eurem Gefühl immer wieder in euer Herz. Sendet auch alle Gedanken, die nicht mit dem göttlichen Gedankenfeld im Gleichklang schwingen, mit eurer Vorstellungskraft ins eigene Herz, und sie werden umgewandelt. Dazu könnt ihr die entsprechenden Farben wählen und sie in eure Aura einschwingen, entweder mit dem Edelsteinpendel oder ganz natürlich mit der Farbvisualisation der entsprechenden Meisterkarte. Das könnt ihr nach eigenem Ermessen ausprobieren. Möglichkeiten habt ihr genug. Ich freue mich sehr, wenn ihr mit uns arbeitet, und ich bin für jeden von euch da, der meine Hilfe benötigt.

Wisset, meine geliebten Kinder, meine Kinder liegen mir sehr am Herzen, und ich möchte, dass alle Kinder dieser Welt wieder glücklich werden. Und dies wird auch geschehen für diejenigen, die den Weg des Lichtes wählen. Deshalb ist es jetzt so wichtig, in die Liebe und ins Vertrauen zu kommen, so dass das Licht sich schnell vermehrt.

Ich danke euch für eure Aufmerksamkeit, gesegnet seid ihr!"

Zusammenfassung

1. Gedanken und Gefühle erschaffen unsere Realität.

2. Gedanken sind Energieformen, deren Schwingungen im Universum immer eine Reaktion erzeugen.

3. Schwingungen, die dauerhaft ausgesandt werden, gewinnen an Stärke und bewirken schließlich eine physische Manifestation.

4. Achten Sie auf Ihre Gedanken und vor allem auf Ihre Gefühle, denn Sie werden zu den tatsächlichen Dingen in Ihrem Leben!!

   Wenn Sie mit den Situationen in Ihrem Leben unzufrieden sind, überprüfen Sie als Erstes Ihre Gedanken. Gehen Sie zurück bis in die Vergangenheit, und überprüfen Sie Ihre Überzeugungen. Schreiben Sie dann zu den folgenden Fragen Ihre Antworten auf:

   Wer bin ich?

   Wozu bin ich hier?

   Was bestimmt meine Erfahrungen?

   Welche Überzeugungen habe ich?

   Was möchte ich wirklich?

   Was behindert mich, welche Überzeugungen behindern mich?

Durchsage des göttlichen Vaters:
"Richte deinen Geist aus"

"Liebe, Frieden und Lobgesang ertönen in unseren Reichen immer dann, wenn eine Seele sich den Wirklichkeiten und den Lehren des wahren Lebens öffnet. Alle Energien der feinstofflichen Körper verschmelzen mit der einen Energie, der Energie der ALL-MACHT und des EINS-SEINS – mit mir!

So erkenne, mein Kind, dass alles in eurem Leben sich aus Grundfesten zusammensetzt, die ein Leben – euer wahres Leben – erst ausmachen. Das Wichtigste im Leben ist der Geist, die Ausrichtung auf den Geist oder auf das geistige Leben, das euch unmittelbar in eine andere Wirklichkeit katapultiert. Alle anderen Prozesse, die euch in eurem Leben wichtig erscheinen, sind scheinbare Prozesse, Aktivitäten, die euren Blickwinkel vom wahren Leben ablenken!

Also hier, mein Kind, gilt es zu begreifen: Ihr müsst das Augenscheinliche, das, was euch glauben macht, es tun zu müssen, durchleuchten, durchforsten, um dahinter die wahren Möglichkeiten zu erkennen. Alles Leben fängt im Geist an. Ihr bestimmt, was ihr zu eurer heiligen Kuh macht. Es wird sich gestalten – zweifelsfrei!

Doch erkenne, mein Kind, die zarten Bande der Liebe, die Fäden, die die Ebenen eures irdischen Daseins mit meinen Ebenen verbinden. So seid ihr verbunden durch den wahren Geist, der durch eure Herzensausrichtung eine ungeheure Macht und Kraft entwickelt, wenn ihr daran glaubt.

Dein Glaube, gepaart mit dem uneingeschränkten Vertrauen, dass sich dein Leben nach diesen meinen Gesetzmäßigkeiten gestaltet, bringt alles zur Entfaltung, wonach du strebst.

So gesehen, mein Kind, ist diese Lektion, die Lektion, die ich dir heute gebe, die Lektion des Meisters, der die Liebe in seinem Herzen trägt, diese Liebe nährt und mit dieser Liebe alle seine Wünsche und Ziele genau definiert.

Schreibe alles auf, begrenze deinen Geist nicht, denn er ist ein Ebenbild der EINEN und WAHREN Macht des Himmels und der Erde. Diese Kraft zu bündeln, sie im Geist fest verankert zu halten und mit den Wünschen täglich neu aufzuladen, erschafft oder erweckt in dir die wahren Schöpferkräfte, die alles anziehen, was du brauchst, um deiner eigenen Welt ihre individuelle Form zu geben.

Siehe, auch wenn es schwierig für euch scheinen mag und die äußeren Umstände euch dafür zu widrig erscheinen, wenn ihr eurer Liebe in eurem Herzen folgt, wenn ihr also mich darin fühlt, dann seid ihr auf dem rechten Weg, und nichts und niemand kann euch davon abbringen!

Durch diese innere Ausrichtung auf euer Lebensziel werdet ihr auch ankommen, darauf gebe ich allen, die mir folgen möchten, mein Wort!

Am Anfang war das Wort, das Früchte bringt durch die Tat, und durch dieses Wirken, das eurem tiefsten SEIN entspringt, kommt alles in die irdische Realität. Das Wort ist Fleisch geworden, damit es nun unter den Menschen lebt und die Verwirklichung dieser Ideale dem Wohle der Menschheit dient.

Denke daran, die schönsten und größten Gedanken kommen aus den Ebenen des Lichtes. Meine Kinder sind die Kanäle und Transformatoren, damit diese schönen Gedanken in die gelebte Realität hinuntertransformiert werden können. Ihr seid also die Baumeister, die Architekten für die neue Zeit, die jetzt angebrochen ist.

Alle meine Kinder, die hier auf dieser Erde in-
karniert sind, haben dieses Potenzial und die Strukturen für die Umsetzung ihrer Wünsche, Ziele und
Ideale mitbekommen.

Ich bin, der ich bin!"

Das kann kein Zufall sein, oder? Mir fiel
während des Schreibens an diesem Buch das Werk
Die geliebten Erzengel sprechen der *Ascended
Master Teaching Foundation* in die Hände. Staunend las ich etwas über die Verzweigung göttlicher
Ideen zur Gestaltung einer neuen Erde. Den Inhalt
möchte ich hier sinngemäß und in Kurzform wie-
dergeben.

Die Ideen des Vaters, seine Pläne für die
Menschheit und für die Erde, werden in der
1. Sphäre geboren – der Sphäre des göttlichen
Lichtes. Diese abstrakten Ideen werden in der
2. Sphäre von großen Schöpferwesen, den Elohim
und Erzengeln, kristallisiert und in Form gebracht.
Die Elohim sind ja die Formenbauer des Lichtes,
die wiederum ihre in Form gebrachten Ideen an
die 3. Sphäre weiterleiten. Ein entwickeltes Bewusstsein kann diese Ideen auch schon von der

2. Sphäre empfangen. In der 3. Sphäre werden diese dann mit Gefühlen aufgeladen und von dort zu einem Meister der sieben Hauptstrahlen gesendet, der die Idee wiederum zu einem seiner Lichtschüler sendet, welcher fähig ist, sie zu empfangen und zu verwirklichen. So gelangen unterschiedlichste Ideen in verschiedene Kanäle wie zum Beispiel in musikalische, wissenschaftliche, religiöse, Regierungs- und sonstige Kanäle. Der Maha Cohan aller Farbstrahlen hat den Dienst des Verteilens übernommen.

So entfaltet sich der Schöpfungsplan Gottes. Und genauso entfaltet sich auch mein Herzens-Bauprojekt: "Das Kinderdorf" in der Eifel. Die göttliche Idee wurde mir von meinem Meister SERAPIS BEY, dem Cohan des 4. Farbstrahles, geschickt, damit dieser Plan und die Schönheit dieser Idee durch mich verwirklicht werden. Bis zur Umsetzung solch einer Idee erfordert es natürlich viel Ausdauer und Disziplin. Diese Tugenden darf ich nun in meinem Leben unter Beweis stellen und darauf vertrauen, dass der Plan gelingt. Ebenso empfing ich dieses *Herzstern*-Projekt, zuerst das Symbol, dann die Idee zum Buch und nicht zuletzt die Idee zur Einrichtung der vielen Lichtkraftplätze innerhalb Deutschlands und rund um die Erde, worauf ich im folgenden Kapitel noch eingehen werde.

Wie ich weiter lesen konnte, sind die geistigen Sphären übervoll mit exquisiten Ideen, die in den drei obersten Sphären vervollkommnet und dann zur vierten, fünften, sechsten und siebten Ebene gelenkt werden, damit sie von geeigneten Schülern empfangen werden können. Diese Ideen können aber nur in die äußere Welt gelangen, wenn das Bewusstsein nicht auf Mangeldenken gerichtet ist. Doch genau das ist bei den meisten von uns der Pferdefuß. Hier bauen wir uns selbst die Stolpersteine auf dem Weg zum Glück, leider.

Ein Zitat aus dem oben erwähnten Buch: *"Ihr Geliebten, es ist so großartig! Ich arbeite in der 2. Sphäre. Ich sehe die Schönheit in diesen großen Tempeln. Oh, wenn ihr doch die Herrlichkeit der Topaz-Tempel des Lichtes sehen könntet!"* Und später weiter: *"Oh, könntet ihr sie doch sehen und die Erinnerung daran zurückbringen. In ihnen befinden sich fertige Kompositionen, die dem geliebten Venezianer überreicht werden und welche er seinerseits versucht, an Komponisten auf der Erde weiterzugeben. Sie sind von solcher Großartigkeit und Schönheit, dass sie diesen Planeten in einem Tag völlig transformieren würden!"*

Lichtheilung für alle Dimensionen der Erde

Stärkende Kraftplätze und heilende Kraftfelder

Als ich mich Anfang des Jahres eingehender mit dem Aufbau von Transformations- und Kraftfeldern beschäftigte, besprach ich dies mit meinem Mann und bat ihn, einmal seinen Geistführer dazu zu befragen. Wir bekamen umgehend eine Rückmeldung, und nach den Anweisungen von Meister Kuthumi legten wir die kleinen Karten aus dem Pendelkarten-Set aus – und zwar der Reihe nach, wie im Buch *Der Herzstern* beschrieben: 1. Strahl Blau, 2. Strahl Goldgelb und so weiter. In die Mitte wurde die 13. Karte, das *Herzstern*-Symbol, gelegt. Alle Karten lagen nun fächerartig in einem Kreis.

Damit sich die Lichtgeometrie aufbauen konnte, installierten wir einen kleinen Leuchtsockel mit LED-Farblichtern, auf den wir einen kleinen Glaswürfel stellten, in den unsere Erde eingraviert war. Als wir das Licht einschalteten, manifestierten sich in wenigen Sekunden die Lichtwellen, die wir sofort fühlen konnten. Mittlerweile ist dieses Kraftfeld auf 2,5 Millionen Bovis angestiegen und entspricht einer Gruppe von über 250 Menschen, die ständig ihre Energien für Mutter Erde zur Verfügung stellen. (Auf meiner Internetseite **www.el-vista.com** können Sie unter den Menüpunkten "Aktuelles" und "Netzwerk" mehr über die Einrichtung dieser Plätze erfahren. Das Netzwerk dient dazu, das göttliche Licht durch "aktive" Lichtkraftplätze im kristallinen Kern der Erde zu verankern.)

Der Leuchtsockel manifestiert das Licht des Regenbogen-Farbspektrums. Da das *Herzstern*-Symbol schon im morphogenetischen Feld unserer Erde verankert ist, verbinden sich alle eingerichteten Kraftplätze mit diesem Schwingungsfeld zu einer unglaublichen Kraft. Zwischen die einzelnen Karten können daher auch kleine Zettel mit persönlichen Wünschen für unsere göttliche Mutter

Erde und für unsere Zukunft auf ihr gelegt werden. Wünsche, die für unsere Erde, für die Meere und unsere Luft, für alle Menschen, Tiere und so weiter in dieses Schwingungsfeld eingegeben werden, werden dabei wesentlich schneller manifestiert, wenn sie täglich gelesen und mit Gefühlen aufgeladen werden.

Welche Möglichkeiten uns doch zur Verfügung stehen, um diese Kraftfelder zu nutzen und mit der geistigen Welt und Mutter Erde zusammenzuarbeiten. Mein göttlicher Teil, meine "ICH BIN-Gegenwart", hatte mir diesen Weg offenbart.

Schon vor etwas längerer Zeit hatte ich damit begonnen, das Symbol des *Herzsterns* metaphysisch um die ganze Erde und um den Äquator zu legen. Ebenso verbreitete ich das *Herzstern*-Symbol systematisch über die ganze Erde, und ich verbinde es geistig mit Himmel und Erde. Bis heute haben sich die daraus entstehenden Lichtkraftplätze immer weiter vermehrt und sind von mir und anderen nicht nur in Krisengebieten installiert worden, sondern auch dort, wo sich in den Landschaften der Erde das Karma der Menschen durch Katastrophen transformiert.

Neben dem hochfrequenten Heilungslicht, das von solchen Lichtplätzen ausgeht, unterstützen diese Kraftfelder unmittelbar den Aufstiegsprozess unserer Erde! Diese Kraft wird nochmals verstärkt, wenn Meditationsgruppen dieses Energiefeld nutzen. Die Gefühle der Gruppenmitglieder sowie deren Anzahl bestimmen die Qualität, Größe und Wirksamkeit der freigesetzten Energien. Doch wenn man bedenkt, dass ein eingerichtetes Kraftfeld eine Energie freisetzt, die der von rund 250 Menschen entspricht, und dass die Mineral- und Steinreiche diese Materie zusätzlich konstant mit ihren seismografischen Wellen stimulieren, haben wir ein spezialisiertes, intelligentes und hochfrequentes Informationssystem!

Seit Januar 2011 halte ich daneben Workshops ab und richte dabei diese Energiesphären ein, die auch der Beziehung zu Pflanzen, Tieren und Mineralien gewidmet sind. Sie alle bilden eine heilige Brücke zu den Elementarkönigreichen. Durch diese Verbindung erhalten wir auch die Möglichkeit, mit den Wesen der unterschiedlichen Elementarenergien zu kommunizieren. Das bedeutet unter anderem auch, dass wir durch diese Partnerschaften, die wir mit den Elementarwesen aufbauen, unsere Umgebung mithilfe der Elementarwelt heilen und sogar extreme Wetterstrukturen verändern können. Die Schwingungen dieser Felder unterstützen zudem Partnerschaften, alle anderen Beziehungen und insbesondere die neue Erde. Da wir immer mehr in die Energie der fünften Dimension hineinwachsen müssen, werden die göttlichen Energien des Urklangs von der geistigen Welt in die Lichttrichter eingegeben, damit die alten Muster aufgelöst werden können; gleichzeitig werden die neuen Muster von Liebe, Hingabe und Freude in unserem physischen Körper verankert.

Von meiner Freundin Änne Schrag (*LebensGlück & WohlGefühl*) erhielt ich zu ihrem Kraftplatz Statusberichte, die sie von ihrem Erdenhüter-Kristall, einem Citrin, übermittelt bekam. Einen Auszug daraus möchte ich an Sie weitergeben:

Heute Morgen habe ich den Citrin gefragt, ob die Lichtsäule noch so groß ist wie das Haus. Die Antwort war: "Nein, sondern größer! Die seismografischen Wellen der Lichtsäule haben jetzt einen Durchmesser von 50 Kilometern. Sie gehen zurzeit bis auf 2,6 Kilometer in die Tiefe. Die Anzahl der

Menschenpower hat sich auf 180 erhöht. All das hat einen versöhnenden Charakter. Feinste Lichtstrukturen sind in einer feinstofflich-wellenartigen Bewegung und stimulieren die Materie. Alle Materie schwingt. Die sensibler werdenden Menschen fühlen sich auf der Seelenebene angesprochen, erst subtil, dann mehr und mehr im fühl- und sichtbaren Bereich. Das sich vertiefende Gefühl ist mit dem Schweben eines Schmetterlings vergleichbar. Leichtigkeit und Zuversicht haben wieder Raum im Bewusstsein."

Eine der letzten Messungen zeigte sogar eine noch größere Schwingungserhöhung: Die Lichtsäule hatte einen Durchmesser von 107 Kilometern und ging 4,3 Kilometer in die Tiefe!

Diese Kraftfelder wirken als magnetische Zentren, die die Devas der Landschaften, die Aufgestiegenen Meister und Engel anziehen, so dass sie ihre Segnungen und spezifischen Energieformen der Menschheit übermitteln können. Bewusst geschaffene Kraftfelder ziehen die Elektronen aus der göttlichen ICH-BIN-Gegenwart wie durch einen Trichter herab, und alle, die zu den einzelnen Kraftfeldern Zugang haben, bekommen geistige Nahrung aus den Oktaven des Lichtes. Wie wir dem Bericht von Änne Schrag entnehmen können, übersteigt diese Strahlung weit die normalen Möglichkeiten Einzelner. Wenn diese Kraft immer wieder rhythmisch aufgeladen wird, werden die geistigen Helfer des Universums stetig ihre Gaben in diesen Trichter lenken und Heilkräfte, Schutz und Harmonie, je nachdem was benötigt wird, dort hineinfließen lassen.

Der Maha Cohan sagte mir dazu noch Folgendes:
"Geliebte Freunde,
ich möchte noch ein paar wesentliche Merkmale nennen, die es euch ermöglichen, mit diesen Kraftfeldern richtig umzugehen!

In der Tat, wenn ein Mensch diese göttliche Idee erhalten hat, hat er auch eine große, verantwortungsvolle Aufgabe übernommen. Diese Energien sind zurzeit sehr wichtig für das Umfeld, in denen diese Plätze verankert wurden. Diese segensreichen Strahlungen, die von unseren Ebenen in die Formationen von Trichtern gegeben werden, sind aufbauende und harmonisierende Kräfte, die sich segensreich auf ganze Landschaftseinheiten auswirken. Wenn die Verbindung aufrechterhalten wird und Gedanken und Gefühle der Liebe zu allem, was ist, diesen Kraftplatz rhythmisch aufladen, sind alle Lebensformen mit eingeschlossen. Welch eine Möglichkeit!

So könnt ihr natürlich auch eure eigenen Wünsche mit in dieses Kraftfeld geben, die wir nur allzu gern entgegennehmen, um diese mit unserer Aufgestiegenen-Meister-Energie in die Verwirklichung zu ziehen. Bedenkt jedoch, geliebte Freunde, nur aufbauende, liebevolle Gedanken und Gefühle in dieses Kraftfeld zu schleusen, sonst zieht ihr nach dem Gesetz des Kreises in einer rasanten Geschwindigkeit negativ bewertete Energien aus den Elektronen dieses mächtigen Kraftfeldes in euer Leben.

Wenn ihr euch mehrmals am Tage mit dem Kraftfeld verbindet, geht zuvor in euer Herz, sendet eure Gedanken ins physische Herz – und sie werden automatisch in Liebe und Harmonie umgewandelt. Danach könnt ihr rhythmisch über euren Atem Segnungen, Gebete, Affirmationen hineingeben. Auch nur ein Wort, das in Liebe gesprochen wird, oder ein liebender Gedanke an die

Erde zieht diese enorme Kraft zusammen und erhöht in solchen Augenblicken noch einmal die Schwingung dieses Platzes oder der Plätze, mit denen sich der Mensch verbindet.

Also, geliebte Freunde, geht an die Arbeit, und verrichtet so euren göttlichen Dienst. Der Lohn dafür wird groß sein!"

Ein Netz der Liebe bauen

Da die unterschiedlichen Ebenen im *Herzstern*-Symbol energetische Verbindungslinien herstellen, haben wir ein Kommunikationsnetz mit vielen Lichtkraftplätzen als Basisstationen (Sende- und Empfangsstationen), die alle Strukturen wieder miteinander verbinden. Alle im *Herzstern* eingezeichneten Strukturen arbeiten für das göttliche Licht. Sie arbeiten gemeinsam mit Mutter Erde für die Vermehrung allen Lebens.

Leider haben wir Menschen die Ebenen der Elementarwelt und der Tierwelt durch unseren Umgang mit der Natur in Aufruhr gebracht. Es gilt jetzt, diese Ebenen wieder in Liebe zu vereinen und eine Zusammenarbeit mit allen Ebenen der Schöpfung anzustreben, damit alles heilen und in Liebe neu zusammenwachsen kann. Dies setzt voraus, dass wir zuerst die Elemente in unserem menschlichen Körper in Harmonie bringen müssen, damit die vielen Wesen der Natur fühlen können, dass eine Kooperation für sie infrage kommt. Erst, wenn wir im Einklang mit den Elementen Erde, Wasser, Feuer und Luft und der ätherischen, göttlichen Welt im Gleichklang schwingen, heilen alte Verletzungen – und alles vernetzt sich im Herzen mit dem göttlichen Licht. Damit das für Sie schneller möglich wird, finden Sie unterstützende Übungen im Anhang.

Durch unterschiedlichste Rückmeldungen derer, die mit diesen hohen Schwingungen der Kraftfelder arbeiten, durfte ich erfahren, dass Kristallenergien diese Felder enorm verstärken. Wie wir diese Kraft-, Heilschwingungs- oder Bewusstseinsfelder auch nennen mögen, sie bewirken genau das, was wir ihnen an Information beziehungsweise Aufgaben einhauchen. Jeder Mensch kann so seine Umgebung in verstärktem Maße beeinflussen, wobei Qualität und Art der Strahlung durch die Intelligenz bestimmt werden, die das Feld prägt.

Eine bewusste Zusammenarbeit mit den kristallinen Energieformen erreichen wir dadurch, dass wir sie in das eingerichtete Kraftfeld stellen und um ihre Mitarbeit bitten. Sie senden dann ihre seismografischen Wellen in die unterschiedlichsten morphogenetischen Gitternetzstrukturen aller Spezies. Damit beginnt eine neue Form der Kommunikation auf allen Seinsebenen unserer Mutter Erde. Die Gruppen von Menschen, die mit den Kräften aus den himmlischen Sphären und den Königreichen der Elementarwelt arbeiten, erschaffen eine neue Lebensqualität auf diesem Planeten. Alles kann wieder zusammenwachsen und wird geheilt, und auf diese Weise können wir den göttlichen Plan für unsere Erde auf der physischen Ebene verankern. Indem wir mit diesen Lichtplätzen wieder Liebe, Vertrauen, Brüderlichkeit und Harmonie in den Äther um die Erde senden, wird all das geheilt, was die Menschheit je zerstört hat.

Durchsage vom göttlichen Vater im April 2011

"Meine geliebten Kinder, so grüße ich euch im Licht meiner alles umfassenden Liebe in dieser Zeit der großen Umwälzungen auf eurer Erde. Ich bin, der ich bin! Ich bin der Liebende, der alles am Leben erhält, der seit ewigen Zeiten das Leben in allen Universen steuert und der jetzt die neuen Strukturen für die nächsten 2000 Jahre in allen Bereichen des Universums festlegt.

So freue ich mich, meine geliebten Kinder, wenn diese neuen Strukturen in allen Bereichen des Lebens ihre Ankerpunkte finden. Seid diese meine Ankerpunkte, indem ihr meine Lichtwellen mit den speziellen Informationen empfangt, die benötigt werden auf eurer Erde, so dass sich mein Friedensreich entfalten kann. Jeder Einzelne wird gebraucht! Je mehr von euch die hohen Schwingungen des kosmischen Lichtes aufnehmen können, umso schneller wird sich der Fortschritt auf der Erde manifestieren.

Vereint euch immer wieder in euren Herzen, und sendet mein Licht und die Kraft meiner Liebe in das kristalline Herz der göttlichen Mutter. Sie ist bereit, die vielen Facetten und Möglichkeiten in ihrer Seele aufzunehmen, die ihr als meine Mitschöpfer in ihrem kristallinen Kern verankern möchtet.

Ihr müsst das Prinzip meiner Schöpfungen verstehen lernen! Nur so werdet ihr frei von den Begrenzungen, die zurzeit euch und eure göttliche Mutter beherrschen!

Versteht, meine geliebten Kinder, dass ihr meine verlängerten Arme seid und dass euer Bewusstsein durchlässig und immer durchlässiger werden muss, damit die hohen Schwingungen meiner Liebe gänzlich in euch verankert werden können. **Nur so könnt ihr mit eurem Bewusstsein meinen Geist und mein Licht, aufgeladen mit euren Gedanken der Liebe, des Mitgefühls und der Schöpferkraft, in der Zeit, die bald kommen wird, verwenden.**

Gesegnet seid ihr! Ich bin, der ich bin."

Alle Reiche unserer Erde erhalten über diese eingerichteten Kraftfelder Informationen, die sich heilend auf jede Form von Leben auswirken. Durch diese liebevolle Form der Zusammenarbeit wird hier eine ganz besondere Lichtbrücke gebaut!

Die ersehnten Antworten KRYONS

An dieser Stelle möchte ich noch einige Informationen der Erzengelgruppe KRYON einfügen, die wir über die Konzertpianistin und Komponistin der 13 *Herzstern-Paraphrasen* Saskia Horn übermittelt bekamen.

"Ich grüße dich, Johanna, und sage dir, dass du deine Arbeit nun vollenden wirst. Denn den *Herzstern* werden nun viele Menschen sehen, spüren, lesen und hören. Die lichtvolle Klanggestaltung meiner lieben Freundin Saskia wird in die tiefsten Schichten eines jeden Wesens eindringen. Das kristalline Herz eurer Göttin, Mutter Erde, ist bereits in hochfrequenter Lichtschwingung, bereit, euch zu dienen. Sie ist bereit, all das, was ihr nun vollenden werdet, aufzunehmen. Ihr Aufstieg hat begonnen, und ihr seid nun mit dabei, die Interdimensionierung zu begleiten, ihre Vollendung zu erfüllen und zu manifestieren.

Tragt eure Liebe, die das *Herz-Stern-Klang-Licht* in alle Herzen aller Wesen bringt, hinaus und hinein in das kristalline Herz von Gaia. Saskia ist die Klangmeisterin des *Herzsterns,* und du, Johanna, bist die

Baumeisterin, die alles manifestiert und nunmehr vollenden wird. Es wird alles bereit sein, um eure lemurantischen Energien und Lichtfrequenzen in allem, was ist, in Liebe zu installieren. SO SEI ES.

Wir danken euch, denn wir sind KRYON vom Magnetischen Dienst, und ihr werdet unermesslich geliebt."

"KRYON, ich und Johanna bitten dich, uns mitzuteilen, wie das *Herz-Stern-Klang-Licht* wirkt und welche Heilqualitäten es in sich birgt."

"Ich bin KRYON vom Magnetischen Dienst, und wir möchten euch mitteilen, dass wir in unermesslicher Liebe euren *Herz-Stern-Klang-Licht* begleiten. Die von euch vor eurer Inkarnation selbst gewählte Aufgabe, euch in heilender Kommunikation zu verbinden, ist nun geschehen. Das *Herz-Stern-Klang-Licht* trägt die heilende Qualität für die Göttin Mutter Erde in ihr Erdgitternetz.

In eurer atlantischen Zeit habt ihr als Bau- und Klangmeister zusammengewirkt, aber vergessen, eure heilende Arbeit zu ehren und zu vollenden. Nun erinnert ihr euch und wurdet achtsam. Ihr seid es, die bevollmächtigt wurden, heilende

Kommunikation zwischen allem, was ist und was sein wird, zu initiieren und zu installieren. Ihr habt begonnen, bereits vor vielen tausenden von Jahren, und ihr vollendet nun, was in göttlicher Vollkommenheit geschehen wird. Lemurantis ist wiedergeboren.

Richtet eure Liebe, euer Herz auf ALLES-WAS-IST – die Energien aller Meister vereinigen sich, und ihr tragt das *Herz-Stern-Klang-Licht* in das interdimensionale Bewusstsein.

Überall dort, wo ihr das Sternenlicht in den Herzklang verwandelt, geschieht Heilung. Euer Herz wird klingen, und die Sterne werden Lichter. Gaia wird im kristallinen Herz erleuchtet und schwingt in heilender Kommunikation mit dem *Herz-Stern-Klang-Licht* in das magnetische Feld, um 'LichtKlang' zu manifestieren.

Der *Herzstern* wird in alle Verbindungen eindringen: in das der Natur, der Tiere, in jeden Menschen, in alle Frequenzen, in alle Wellen, in die Strömungen eines jeden Atoms. Wandlung wird vollzogen – die Transmutation der Erdgitterfrequenz. So sei es."

"Atmet in euer Herz, und gebt eure Liebe an Gaia – so werdet ihr ihre unermessliche Liebe empfangen. Atmet in euer Herz, und gebt eure Liebe an Gott den Vater – gebt eure Liebe hinauf in das göttliche Universum, und empfangt die unermessliche Liebe eures Vaters.

Geht mit dieser Liebe von Göttin Mutter Erde und Gott dem Vater in euer Herz, und vereinigt in euch die Trinität. So entsteht für euch alle allgegenwärtige, göttliche Heilung. Die Trinität, euch auch bekannt als Heilige Dreifaltigkeit, führt euch über das Herz in die heilende Verbindung, in Kommunikation zu allem, was ist.

13 Meister-Paraphrasen werden den *Herzstern* in den Lichtklang verwandeln – in tiefer Herzensfreude, gespielt von meiner lieben Freundin Saskia, gebaut und installiert von Johanna, in heilender Kommunikation mit den Aufgestiegenen Meistern und in tiefer Herzensliebe zu Mutter Erde und dem Gottesvater. Universalschwingung wird entstehen und die Menschen befreien. Die Last wird aufgelöst, Blockaden werden gesprengt und Befreiung wird stattfinden. Ihr transformiert und bringt

die Wandlung in das Bewusstsein aller Wesen und der Menschen der neuen Zeit.

Gesegnet seid ihr, die JETZT vollenden, was wir begonnen haben. Wir sind KRYON und danken euch. Ihr seid gesegnet und werdet unermesslich geliebt."

"In tiefer Liebe möchten wir, Johanna und ich, euch, KRYON, von Herzen danken."

Sende- und Empfangsstationen für das Licht rund um die Erde

Wenn sich jetzt Gruppen innerhalb von Städten und anderen Orten bilden, um Erdheilungsmeditationen durchzuführen, wird die Kraft dieser Plätze und die Kraft der metaphysischen Brennpunkte nochmals um ein Vielfaches erhöht. Wir haben damit aber auch eine Möglichkeit bekommen, die Elemente zu besänftigen, sollte es allzu stürmisch auf der Erde zugehen. Erzengel Michael verbindet all diejenigen von uns miteinander, die

120

mit diesen Kraftzentren arbeiten möchten, und hat mir dazu folgende Botschaft durchgegeben.

"Geliebte Freunde,

die Kommunikation miteinander über diese großen Schwingungsfelder ist eine wertvolle Lichtarbeit, da ihr viel Energie – und zwar Liebesenergie – durch den Äther transportiert. Wenn ihr euch das einmal bewusster macht und genau darauf schaut, so baut ihr Lichtstrukturen im Äther auf, die genauso gut funktionieren wie die Wellen der Radio- und Fernsehsender.

Doch ihr habt die Frequenzen des 'Göttlichen' darin programmiert!

Vor diesem Hintergrund könnt ihr die Strukturen der Kraftplätze nutzen, um die Informationen der Freude, der Leichtigkeit, der Harmonie mit in dieses Feld zu geben, so dass immer mehr Menschen an diesen Energien partizipieren können. Nun, wie ihr wisst, sind diese großen Empfangs- und Sendestationen bestens geeignet, Informationen aus dem göttlichen Gedankenfeld zu empfangen und diese – potenziert (durch eure Vernetzung und) durch die Energie der positiven Eigenschaften eurer Wünsche – in den Äther zurückzuschicken. Die kleinen Elektronen übernehmen diese Aufgabe mit großer Liebe.

In naher Zukunft können diese Sendestationen einmal sehr wertvoll für die Menschheit werden. Deshalb, meine Geliebten, bin ich hocherfreut über diese Möglichkeiten und verbinde alle Menschen miteinander, die ihre positiven, aufbauenden Kräfte zum Wohle aller Menschen einbringen möchten. Denkt daran, eure Mutter Erde mit eurem Licht zu unterstützen. Meditationen, die geregelt ins Netz gegeben werden, unterstützen den Aufstiegsprozess wirkungsvoll, zumal ja auch die Mineral- und Naturwelt ihren großen Einfluss durch diese Kraftfelder ausübt.

Ich wünsche mir, dass die Anzahl dieser Plätze stetig zunimmt, damit die Kräfte, die dahinterstehen, diese großen Lichttrichter für ihren Dienst an der Menschheit nutzen können. Ihr müsst verstehen, dass ihr die Schöpfer im Werden seid und dass es eure Aufgabe ist, das göttliche Potenzial im neuen Wassermann-Zeitalter wieder auf der Erde zu verankern.

Diese Kraftplätze und Energiefelder sind Ankerpunkte für das Licht Gottes und deshalb großartig für alle Lebewesen!

Ich grüße euch!"

Die eingerichteten Kraftplätze wirken wie Sende- und Empfangsstationen. Da ein Sender aber nur über eine gewisse Entfernung senden kann, übernimmt eine angrenzende Empfangsstation die ausgesandte Schwingung – und so entsteht ein dichtes Netz an Lichtkraftplätzen. Alles wird dadurch schneller wieder in Liebe zusammenwachsen und geheilt. Ähnliche Formen der Kommunikation hat es bereits in früheren Kulturen gegeben; sie wurden mit der geometrischen Formel der "Blume des Lebens" erreicht.

Die metaphysisch angelegten Kraftplätze, die ich weitgehend während meiner Meditationen auf der Erde angelegt habe und noch weiter ausbaue, sind untergeordnete Verstärkerstationen, die die ursprünglich ausgesandten Schwingungen der aktiven Kraftplätze im Lichtnetzwerk empfangen, da sie die gleiche Frequenz haben, verstärken und weiterleiten. So werden diese Informationen auf der ganzen Welt verteilt. Es ist in der Tat ein Sende- und Empfangssystem, wie Erzengel Michael schon sagte, das die göttlichen Frequenzen enthält, die Menschen in aller Welt wahrnehmen können.

Diese Lichtkraftplätze beziehungsweise *Lichttrichter* beeinflussen Materie positiv. Wir haben hiermit also viele Möglichkeiten an die Hand bekommen, unser Umfeld gemeinsam mit den geistigen Ebenen zu verändern. Unsere Erde und alle Menschen auf ihr brauchen dringend Frieden, Gesundheit und ein Leben in Unabhängigkeit, und viele neue Ideen für die Zukunft werden auf unserer Erde benötigt. Die mächtigen Wesen aus den hohen Lichtdimensionen werden, wie bereits erwähnt, ihre schöpferischen Kräfte zur Verfügung stellen, wenn wir sie darum bitten – und ihre Energien gelangen durch die Lichttrichter zu uns.

Gemeinsam können wir mit diesem Netz aus Lichtkraftplätzen ein mächtiges Energiefeld um die Erde aufbauen. Durch die gemeinsame, gebündelte Ausstrahlung einer Idee, einer Aufgabe, eines Wunsches (zum Beispiel Heilung für die Menschen auf der Erde) wird tatsächlich Heilung für Menschen, Tiere, Landschaften und Bereiche der Erde, die

Hilfe benötigen, manifestiert. Natürlich können auch eigene Visionen durch diese Zentren in die Materie gezogen werden. Genauso können Schattenaspekte negativer Energieformen aufgelöst und Negatives kann in Positives umgewandelt werden. Sogar das Wetter kann mithilfe der Zentren beeinflusst werden; Stürme, Sturmfluten oder Überschwemmungen können durch die Kommunikation mit den Elementarwelten, die über die Lichtkraftplätze geschieht, abgemildert oder sogar beendet werden. Mit einer Anrufung können die Kräfte der Lichtwesen direkt durch die Lichttrichter nach unten gelenkt werden, so dass sie die göttliche Ordnung wiederherstellen können. Wenn gleichzeitig das Gesetz der Vergebung angerufen wird, können so sogar Katastrophen verhindert werden.

Durch die verstärkende Kraft, die in diesen Zentren herrscht, ist es dabei nicht einmal erforderlich, dass große Gruppen damit arbeiten. Das göttliche Licht, die universale Lebensessenz, wird selbst bei kleinen Gruppen oder bei Einzelnen durch diese Lichtsäulen herabgezogen und mithilfe von Gedanken, Gefühlen und der Konzentrationskraft immer wieder aufgeladen, bis sich die

gewünschten Formen in der Materie manifestieren. So kann auch die ursprüngliche Lichtessenz
wiederhergestellt werden. Und dies ist unsere ur-
eigenste Aufgabe.

Anrufung
"Ich bin die dreifältige Flamme in meinem
Herzen,
ihr geliebten Lenker der zwölf göttlichen
Farbstrahlen,
geliebter LEMUEL, da du die Liebe zu
allen Erscheinungsformen in der Naturwelt
verkörperst,
geliebter MAHA COHAN, da du sämtliche Energieformen für die Natur und
den Menschen bereitstellst,
ich erbitte eure Hilfe!
Bitte wandelt diese disharmonischen Energien in reine Lichtsubstanzen um!"
(3x wiederholen)

Durchsage der göttlichen Mutter

Zum Ende dieses Buches möchte uns Mutter Erde noch etwas mitteilen:

"Meine geliebten Kinder,

die ihr auf mir euren Wohnsitz habt, ich grüße euch voller Liebe und Glück darüber, dass ein Erwachen beginnt, und ich sehe viele Veränderungen aus dem Verborgenen an die Oberfläche des Geschehens gelangen. Viele von euch fragen sich nun: Was passiert überall auf der Erde? Und eine gewisse Aufbruchstimmung nimmt von euch Besitz. All das sind vom Vater gewünschte Reaktionen auf sein Licht, das in immer höheren Schwingungen eure Erde erreicht.

Und so ist es in dieser Zeit angebracht, einander die Hände zu reichen, euch in Liebe zusammenzutun, um Ankerpunkte für das Licht zu sein.

Ich bitte euch darum, die Morgenröte des neuen Zeitalters mit all eurer Kraft und Liebe zu unterstützen. Bildet die Netzwerke, die gebildet werden müssen, damit ich von allen meinen Kindern unterstützt werde. Alles ist mir recht, was aus Liebe geschieht, nur so wird wieder alles vereint.

Die Natur-, Stein-, Mineral- und Tierreiche wünschen sich auch ein Miteinander. Bitte versteht: Nur in der Einheit kann alles Leben auf mir gedeihen, nur in der Einheit können alle Formen, Farben und Melodien in ihrer reinen Form entstehen. Auch wenn wir noch nicht ganz am Ziel und diese Geburtswehen noch nicht gänzlich überwunden sind, so wissen wir bereits, dass alles sich entfalten wird.

Ich danke euch, meine geliebten Kinder, für eure Liebesbeweise. Licht ist Liebe, und Licht ist Harmonie. Und wenn das Licht wieder in vielen, vielen Menschenherzen scheint, haben wir es geschafft. Ich danke allen liebenden Herzen!

Eure Mutter Erde"

Dank

An dieser Stelle möchte ich aus tiefstem Herzen allen himmlischen Helfern aus der Engelwelt, den Aufgestiegenen Meistern und Meisterinnen, meiner Geistführerin Mutter Maria, meinen Lehrern SERAPIS BEY und KRYON vom magnetischen Dienst für ihre unermessliche Liebe danken und für die Hilfe, die sie mir zukommen ließen. Ich möchte auch allen Wesen der Elemente und der Kristallwelt für ihre tiefe Herzensverbindung zu diesem Projekt danken. Genauso danke ich jenen, die ich bisher noch nicht kenne.

Ich danke meiner Familie, allen Freunden, Lesern und allen Menschen, die dieses Projekt begleiten und unterstützen. Ich bin vor allem sehr dankbar für die Zuschriften und Beiträge zu diesem Buch, die mir von Fachleuten und Therapeuten zugesandt wurden. Ich bitte an dieser Stelle um ihr Verständnis, dass leider nicht alle Beiträge berücksichtigt werden konnten.

Mein Dank gilt auch allen beteiligten Freunden, die schon jetzt mit ihren Lichtkraftplätzen für Mutter Erde arbeiten. Diese Arbeit wird sich im morphogenetischen Bewusstseinsfeld der Menschheit fest verankern, und das ist einfach FANTASTISCH!

Ich möchte dem Erdenhüter-Kristall, der Amethyst-Druse und der Bergkristallspitze von Änne Schrag sowie Änne selbst von ganzem Herzen für ihre Mitarbeit danken! Ohne diese Durchsagen hätte sich mir dieses Wissen nicht erschlossen!

Ich danke meinen Freunden Elisabeth und Gabor, dass sie ihrer Intuition vertrauten und mich nach Norden gerufen haben, so dass ich Saskia traf. Ja, nun wartet viel Arbeit auf uns, liebe Saskia. Ich danke dir von ganzem Herzen für deine Bereitschaft, die heilenden Qualitäten des *HerzSternLichtKlangs* für unsere göttliche Mutter Erde in ihrem magnetischen Feld zu manifestieren.

Mein Dank gilt ganz besonders Herrn Stefan Huber, dem Team des "Silberschnur-Verlages", Frau Sabine Schüller, die mir auch bei diesem Buchprojekt wieder eine wertvolle Hilfe war, und Herrn Manfred Huber für sein großes Vertrauen.

Ihnen, lieber Leser, möchte ich ebenfalls danken! Über Ihre Herzensverbindung zum göttlichen Licht tragen Sie das *HerzSternLicht* in die Welt.

Ihre Johanna Tippkemper

Literaturnachweis

Bradden, Gregg: *Im Einklang mit der göttlichen Matrix – wie wir mit allem verbunden sind.* Aus dem Englischen übersetzt von Nayoma de Hae'n. Burgrain 2007.

Bridge to Freedom: *Elektronen – Die Bausteine des Universums.* Aus dem Englischen übersetzt von Werner Schröder, Mt. Shasta 2005.

Bridge to Freedom: *Die sieben mächtigen Elohim sprechen über: Die sieben Schritte zur Präzipitation.* Aus dem Englischen übersetzt von Thomas Printz, Mt. Shasta 2006.

Bridge to Freedom: *Die sieben geliebten Erzengel sprechen.* Aus dem Englischen übersetzt von Thomas Printz, Mt. Shasta 1997.

Die Brücke zur Freiheit: *Die Elemente.* Berlin 2002.

Die Brücke zur Freiheit: *Konfuzius, der Tempel der Präzipitation.* Berlin 1992

Carroll, Lee: *Denke nicht wie ein Mensch,* Band 2. Aus dem Englischen übersetzt von Frederike Herrlich sowie Petra und Steve Ostergaard, München 2007.

Carroll, Lee: *Der Neuanfang,* Band V. Aus dem Englischen übersetzt von Martina Hochmair und Petra Ostergaard, Überlingen 2004.

Coats, Callum: *Naturenergien verstehen und nutzen.* Aus dem Englischen übersetzt von Martin Meier und Gisela Bongart, Aachen 2003.

Fritze, Hartwig: *Das Kraftfeld der Symbole,* Aachen 2003.

Hodapp, Bran O.: *Die hohe Kabbalah.* Darmstadt 2006.

Melchizedek, Drunvalo: *Die Blume des Lebens.* Burgrain 2000.

Ruland, Jeanne: *Kraft-Tiere: Krafttiere und Helfertiere – Weitere Begleiter für dein Leben.* Schirner 2009.

ANHANG: Übungen

Zentrierungsübung

In dem Moment, in dem höher dimensionale Schwingungen und Informationen einfließen, gerät der Lichtkörper zunehmend unter Druck, sich zu wandeln. Je mehr er sich noch in der Polarität der dritten Dimension aufhält, desto gewaltiger wird der Beschleunigungsprozess ausfallen. Energien alter Seelenschwingungen werden durch die höher schwingenden, lichtcodierten Informationen an die Oberfläche gespült, und überholte Muster aus der Vergangenheit treten dabei direkt und oft auch schmerzhaft in Erscheinung. Da von nun an stetig mehr kosmische Lichtwellen einströmen, wird eine stufenweise Anpassung an diese Transformations- und Aufstiegsenergien notwendig – wobei uns der *Herzstern* und die nachfolgende Übung helfen können, denn eine heilende Kommunikation beginnt, wenn wir uns über die Lichtgeometrie mit den himmlischen Sphären verbinden.

Stellen Sie sich aufrecht hin, und werden Sie sich Ihrer eigenen Größe bewusst! Atmen Sie tief ein und aus ... und das mehrere Male, bis Sie spüren, wie Ihre DNA zirkuliert. Nun lenken Sie Ihre Aufmerksamkeit auf Ihr Herzzentrum und auf das Symbol des *Herzsterns*. Lassen Sie dabei Ihr Herz und Ihre Intuition in weiß-goldenem Licht leuchten. So verbinden Sie sich mit dem Urlicht.

Die Konzentration auf das Herz bewirkt eine starke magnetische Anziehungskraft, und das *Herzstern*-Symbol verstärkt dies noch einmal um ein Vielfaches.

Die Arbeit mit dem Herzstern

Das Symbol aus dem Herzen der Schöpfung mit seinem **Schöpfungs-Code** basiert auf der Heiligen Geometrie. Es besteht aus Zahlen, Buchstaben und Farben, die den Rhythmus der Schöpfung nachbilden. Der Rhythmus der Schöpfung ist der Herzschlag des Vaters, und wie durch ein Wunder sind alle wichtigen Informationen, die von der Quelle zu uns kommen möchten, in seinem *Herzstern* enthalten.

Der *Herzstern* enthält Symbole, die auf der Heiligen Geometrie, der Formensprache des Lichtes, basieren.

Deren Formen symbolisieren die göttliche Ordnung und damit auch die universellen Prinzipien. Die Schwingung beziehungsweise Kraft dieser göttlichen Formen ist so stark, dass sie unseren Körper auf einer sehr viel höheren Oktave schwingen lassen kann, so dass wir Informationen aus anderen Dimensionen empfangen können. Dazu müssen Sie sich lediglich auf das Symbol konzentrieren, und sofort wird eine energetische Kommunikationsbrücke zu den Wesenheiten hergestellt, die den Symbolen zugeordnet sind und die die gewünschten Informationen in unser Energiefeld einfließen lassen.

Dazu sagt uns Mutter Maria Folgendes:

"Die Symbolkarten zeigen sehr hilfreiche Mittel und Wege auf, diese Schwingungen einfach und direkt in euer Leben zu integrieren, da in eurer hektischen Zeit einfach zu wenig Zeit bereitgestellt werden kann, um die vielen Übungen tagtäglich durchzuführen.

Wenn wir uns über kosmische Kraft- und Heilfelder unterhalten, so ist dies eine gute Möglichkeit, die Strahlungen aus der kausalen Ebene von außen in eure feinstofflichen Systeme zu schleusen. Und es genügt tatsächlich, wenn ihr tagtäglich eine gewisse Zeit damit verbringt, auf die Symbole zu schauen und euch dabei vorzustellen, wie das Licht der einzelnen Resonanzkarten die verschiedenen Ebenen eures Körpers mit Licht versorgt.

Ganz wichtig für euch ist zu wissen, dass die vier niederen Körper für euer physisches Wohlbefinden zuständig sind. Und wenn dort die Schwingungen beziehungsweise die Bovis-Werte weit über dem Mittelwert liegen, wie es für einen Lichtschüler sein sollte, dann können die höheren Körper aktiviert werden. Diese erreichen über eure ICH-BIN-Gegenwart die kausalen Ebenen der Schöpfung. Liebt deshalb euren physischen Körper und versorgt ihn mit den lebensunterstützenden Schwingungen unserer Ebenen.

Ich grüße euch!"

Die mathematische Perfektion dieses Symbols verbindet uns über das geöffnete Herzchakra und das eigene göttliche Licht unserer ICH-BIN-Gegenwart auch direkt mit dem Herzen Gottes. Wir sind sofort und ganz direkt angeschlossen an das göttliche Licht, an SEINE Lebensessenz, und wir können so zu einem aktiven Mitschöpfer in seinem Licht und seiner Gnade werden. Der direkte Schlüssel zur Himmelspforte liegt so mit dem *Herzstern* in Ihrer Hand. Nutzen Sie die folgende Affirmation:

"Ich bin jetzt bereit, die Aufstiegsenergien aus dem Herzen Gottes in meinem Sein zu verankern!"

Während Sie dies sagen, nehmen Sie den *Herzstern* in die Hand und verbinden sich über Ihre Augen mit dem Solarplexus oder über die linke, fühlende Hand mit dem *Herzstern*-Symbol. Gehen Sie dabei mit Ihren Gedanken und Gefühlen ins Herzchakra. Stellen Sie sich vor, wie kraftvolle, lichte Energien durch alle Körperzonen fließen. Damit beginnt ein tiefer Reinigungsprozess, der die körpereigene Schwingung erhöht und unsere Empfänglichkeit für das universelle Aufstiegslicht sichert. Sagen Sie anschließend:

"Ich bin Dir, lieber Vater, dankbar, dass ich jetzt mit der Aufstiegsenergie verbunden bin. Lass diese durch mein ganzes Sein fließen, und verankere sie in jedem Aspekt meines Körpers. Ich danke Dir für ihre Weisheit, die sich jetzt tief in meiner Seele verankert!"

Über die Autorin

Johanna Tippkemper ist Architektin für gesundes Bauen und Wohnen und lebt in Oelde. 1990 verstarb eines ihrer drei Kinder, und durch dieses Schicksal veränderte sich ihr Leben grundlegend. Die tiefen Fragen nach dem Sinn des Lebens führten sie auf ihren spirituellen Weg.

Weiterführende Informationen zu
Büchern, Autoren und den Aktivitäten
des Silberschnur Verlages erhalten Sie unter:
www.silberschnur.de

Sie können uns alternativ
die beiliegende *Postkarte* zusenden.

Ihr Interesse wird belohnt!

208 Seiten, broschiert, farbig
mit 13 Karten, im Schuber
ISBN 978-3-89845-258-8
€ [D] 24,90

Johanna Tippkemper

Der Herzstern

Einweihungsweg zur Selbsterkenntnis

Das »magische« Jahr 2012 verweist auf den Beginn des Aufstieges der Menschheit in eine neue Dimension. Johanna Tippkemper ist es gelungen, ein absolut neuartiges Konzept zu entwickeln. Sie werden immer geführt vom »Herzstern«, aus dem das uralte Wissen des Universums in seiner hohen Schwingung strahlt, um Sie auf die Wandlung ab 2012 einzustimmen. Neben den 13 Resonanzkarten sind im Handbuch zudem zahlreiche Übungen und Praxisbeispiele enthalten.

13 Resonanzkarten, 32 Seiten
Booklet, inkl. hochwertigem
Edelsteinpendel, in Box
EAN 426007528023-3
€ [D] 16,90

Johanna Tippkemper

Der Herzstern für Einsteiger

Mit Pendel und Resonanzkarten der Aufgestiegenen Meister

Jede der in diesem Set enthaltenen Energiekarten baut eine Kommunikationsbrücke zur Ebene der Aufgestiegenen Meister auf.
Dadurch erhalten wir alle erforderlichen Informationen und Hilfestellungen, die wir für unsere Transformation und den Aufstieg, aber auch zur Bewältigung ganz alltäglicher Probleme brauchen. Diesen 13 Meisterkarten liegt ein hochwertiges Spiralpendel mit echtem Bergkristall bei, der die Meisterkarte ermitteln kann, deren Energie wir momentan für unsere Entwicklung benötigen, und die Schwingung der entsprechenden Karte aufnimmt, um sie an uns weiterzugeben. Dieses Set ist wahrhaft ein Brückenschlag in die nächste Dimension!

212 Seiten, mit farb. Abbildungen, broschiert
ISBN 978-3-89845-308-0
€ [D] 6,95

Claire Avalon

Die Lichtstrahlen der Aufgestiegenen Meister

Eine praktische Einführung

Jedes lebendige Wesen und alles, was in der irdischen Materie erschaffen wird, folgt den gleichen Gesetzen. Wir alle haben einen Lebensplan. Die kosmischen Lichtstrahlen sind dabei wie Energiebahnen, denen wir folgen, und Geist und Materie treffen sich immer wieder, um die Weichen neu auszurichten. Doch wer hütet unseren Plan? Die Aufgestiegenen Meister sind unsere Partner auf der geistigen Ebene, und sie helfen uns, die Ziele unserer Seele zu erreichen. Sie zeigen uns, wie wir unser Leben – auch im Sinne von Ursache und Wirkung – geerdet und spirituell ausrichten können.

160 Seiten, broschiert
ISBN 978-3-89845-292-2
€ [D] 6,95

Barbara Berger

Meditationen

Tore zum Bewusstsein

Verschiedene Wege führen zur Erfahrung von glückseligen, erweiterten Bewusstseinszuständen, jener globalen Revolution, die in unserer Zeit stattfindet. Ein einfacher Weg zu diesem höheren Bewusstsein sind die Meditationen von Barbara Berger.

Die Bestseller-Autorin vermittelt leicht nachvollziehbar verschiedene Meditationsformen. Sie erklärt neben praktischen Übungen auch die Stolpersteine, die eine erfolgreiche Meditation verhindern können. Den Meditierenden erwartet u. a., wie der Verstand, die ewige »Quasselstrippe«, beruhigt werden kann, wie man besser schläft, jünger aussieht oder effektiver arbeiten kann ...

Eileen Caddy & David Earl Platts

Die Tore zur Liebe öffnen
Ein Findhorn-Buch

232 Seiten, Klappenbr.
ISBN 978-3-89845-288-5
€ [D] 14,90

Können wir lernen zu lieben? Oder müssen wir nur warten – und es geschieht von selbst?

Wir alle sind mit der Fähigkeit geboren, uns selbst und andere zu lieben. Schmerzvolle Erfahrungen haben jedoch dafür gesorgt, dass wir innere Schutzwälle errichtet und Ängste und Verhaltensweisen entwickelt haben, um diese inneren Barrieren aufrechtzuerhalten. Die wichtigste Lektion im Leben ist es daher, wieder lieben zu lernen …

Dieses Buch lädt Sie ein, die freie Entscheidung zu treffen, mehr Liebe in Ihr Leben zu bringen, und es hilft Ihnen, diese Entscheidung Schritt für Schritt klar und entschlossen umzusetzen.

Franziska Krattinger

2012 – Seelenpower
Die Zeitenwende als Chance

184 Seiten, Klappenbr.
ISBN 978-3-89845-289-2
€ [D] 12,90

Die Zeit scheint zu rasen, und jeder fühlt sich unter Druck gesetzt. Warum? In der Zeit des Wandels erhöht sich die Energie deutlich, und so kommen die inneren Haltungen, Ängste und Denkweisen immer direkter zum Ausdruck. Die unterschiedlichsten Zukunftsprognosen erreichen uns zudem täglich. Sie können sich nun treiben lassen und alles für bare Münze nehmen, was Ihnen als »Wahrheit« präsentiert wird. Sie haben jedoch auch die Option, sich selbst einen Überblick zu verschaffen, um Ihre persönliche Wahrheit zu erkennen. Es lohnt sich!